Cynnwys y posau a dyluniad y cynllun gan Scribo Puzzle Publishing Ltd 2022

www.crossmots.com

Sylwer:
Yn y chwileiriau hyn, trinnir bob un o'r llythrennau deuol: ch, dd, ff, ng, ll, ph, rh a th, fel dau nod ar wahân.

Please Note:
In these WordSearch puzzles, each of the Welsh digraphs: ch, dd, ff, ng, ll, ph, rh and th are treated as two separate characters.

Rhif 1 TEIMLO'N FODLON

```
C O M P L A C E N T I Ŷ U Á Â L Ŵ
O G X P P Y P M Ê V U S X P W B Z
A I D I C I D E D A U S R E P A I
T D K Ê C K Q Â W D Á Q S A W Ï N
Z E Ô R Î H J Y O Q Y Á Ŷ Ŵ Â O Ŵ
J D R L T X A F Q Y P G Y X L R A
S Y C S A A F P Î Ŵ Z Á M D C Ŷ P
U F M U G J B Î P L B S O J Q X Ï
H N H A K Ŷ B Z D Y N B Û G L W S
T Y G H C A T E R E D T O Ŵ Î Y B
E W W D B Y Û X N F C Z B A P S Ï
A G W D Ŵ Û V S D Y R N P U X U E
I Î L O H K A Î S Á Q N I Z K V W
L U Á B Ŷ T Ê A F Q G A U V I W W
O N W Q E Î Á D Á C Q R Â T N F U
G D Ŷ D A S Ê V V G T E I Z B O X
U D H X U W L D E I F S I T A S C
D Y L I U Q N A R T O E S C H Ŵ T
D W U N Ô S M C K P Ê L I Ï T R Î
U D Á V P R Ï P X E B B C Ŵ Ŵ Á G
B E H C L A B J Y Ô D M R Á I J J
M D B B I H U N A N G Y F I A W N
Y I J Á U W E D I Y M L A C I O H
```

BALCH
BUDDUGOLIAETHUS
CONVINCED
GWYNFYDEDIG
PERSUADED
SATISFIED
TRANQUIL

BODDHAUS
CATERED TO
DEDWYDD
HAPPY
POSITIVE
SICR
WEDI YMLACIO

BODLON
COMPLACENT
FFODUS
HUNANGYFIAWN
SATED
SLAKED
YMBLESERA

Rhif 2 BYD CYLLID

```
M E N Û M Á M L H Â Á M Û T V B Q
G H Ŷ R V Ï Î K K J L J R I Î Ŵ Á
R F O O R S P K D Ê T O N Û Y Á U
E W R Y H W Â Â F Ŷ U S H A J A Á
G S B A Z H D A I C Y H T N E B L
A T U F U J Ô Ŵ D N N A Ê C G N G
N R M W T D D E O C M R I Ŷ O E S
A O M R Á K P I Ŵ A D E V A R M T
M S Û P N O L Î R S X S Û Z D T W
E G H A S I B I U H C X Ŵ K D W L
Ï L B I N R A Z Û I A F N O R C L
Ŷ W T Y Y N Î F A E Ê Û K Z A T Y
N Y C Â Ê H Ê Z M R H A I Ô F Ê N
I D B C Ŵ Â Î Û J W I C O R F E Y
X D Ï O H O Á J W Q Q S N X T U W
F I E W N P P Á D Y B E D F B Q A
Ê A O N C D Â F E P Ŵ L N A X E L
S D C T Ï R Q Ŷ W C T L L W L H U
N Û J E T N E M Y A P A Ŷ X Q C E
K Ê J R C L E D L C N N L X Ŷ V R
L Û G L I M Z J I S Ê D Q Û Î Û C
U Q A O L Â V Ï U T C Á C Ŵ U J F
I U S P J G I E G A G T R O M Â Q
```

ARIAN	BALANS	BANK
BENTHYCIAD	BOND	CASHIER
CHEQUE	COWNTER	CREDIT
CRONFA	CYNILION	DEBYD
DEPOSIT	FRAUD	GORDDRAFFT
MANAGER	MORTGAGE	PAYMENT
SHARES	TROSGLWYDDIAD	TWLL YN Y WAL

Rhif 3 ADAR

```
O F Ŷ A Y B A T W Y R D Ï Q Á Ŷ Â
Q Ŵ P N S A U Û E G R A J R K A E
S K Ŷ F U X H D Î I R A V E N T L
J O Ï I B U M S B X M C O W I Ŷ G
E L G X I Â Î K C K O O R T L H A
P I F N W C C K T Ŷ C I W I T O E
Û X P Û I A S F O D C T B T G Î Â
F Û N G L M W W J S O L O Z J Û V
Q I I B A L A Ï Ï M E U Á D K B H
I J B F T M P L O B C B D Ê T Y Á
P G O U Ï L C S F A K I Ô C M Y O
G V R K M A L U N F E I C Ô Z E G
M U L F R A N Á B R S H G H Z Ŵ R
Ê T E O S J Â U E Z T A Ï Â Y G C
K B K Ŵ Î D T K P I R U H D I A P
A C Á G F B C Ï A Î E H D B T X U
I O T Ŷ W E X R K D L Y N S Y K N
Z H F S P Û F A Ê Z R R W J L Î Y
K M C D B N J N M E O O K O L G G
C K O Â O O L U I C K Û Î Û U E O
W O R R A P S R K W A H C S A G X
W V B M Q B A C S Y G Ê E Û N J W
N K Â B W Q S T C M T L Q Ŷ Q Á T
```

BLACKBIRD	BRONFRAITH	CIWI
CORNBIG	DRYW	EAGLE
FFLAMINGO	FWLTUR	GŴYDD YR EIRA
HAWK	KESTREL	MAGPIE
MULFRAN	RAVEN	ROBIN
ROOK	SPARROW	TITW TOMOS LAS
TOUCAN	TYLLUAN	WOODPECKER

Rhif 4 GWLEDYDD

```
E B W J I Û D O Û Q U H B Ŵ S X
T A T X Ô S Ô I L G E R M A N Y Â
N S R V I E T N A M Ô J L Ô V G C
Ŷ Â S A Á N F Z L F U I Î C R Û G
C F P G Ô I C L U A Y M I E Ŷ Á R
Y A Î F Û N L U U N E R E C E Ê E
N E L Î Ê N A A R M A N A H Î Ŷ E
O Ê I Î Ï A D S P M L Z F I Á T C
E Ê T N Ŷ I I I L A Y J L N F Ŷ E
N F H F T R E N N Ŷ O C Ŵ A L F Y
G G W Ê F A R D D Ŷ Ê J I L A Ŷ T
L Q A Ŷ A R Y Á H I I Û Á M U S C
A J N L G Y A H Â Ô A T E A L B A
N X I Ŵ G P Ŷ I Ï U C R C A X Y K
D Q A H C Á T C N N I I G Û Q T A
Ê L Q I G X R Ï I C R U R K W Ê T
Y D N A L E R I A F T C Á F E Ï Ê
O N I Á R C W Ï F R A Ï Û Â H B Ŷ
X C Y D S E B A O Ŵ O J Î Ï H V U
N S A Î N Û E P X W M N Ŷ Ŵ A Ô S
Ŵ Â I R Y D A L W G Á V Ŵ I B M P
D U D N A L I A H T H Ô D N Û L N
O M B Û Á Ô W F L I M W Ô Á S O W
```

AMERICA	CHINA	CYMRU
DE AFFRICA	ENGLAND	FFRAINC
GERMANY	GREECE	GREENLAND
GWLAD YR IÂ	INDIA	IRELAND
LITHWANIA	PORTUGAL	SIAPAN
THAILAND	VIETNAM	WCRÁIN
YR AIFFT	YR ARIANNIN	YR EIDAL

Rhif 5 YN Y TŶ

```
G W R E S O G Y D D I O N Á S Â U
V U Î H U L C S Z Û Ï Ê Q A E X A
K A Î I A V E Ê L D V Ï O Ô C W I
V L S S S H U T O H L Û Ï Ô E Ê R
W O Q E Y I C C T A Á C E Û Ŵ O O
M G Y J R P Ô W M E S Â E W Ê Â L
Á U Û J D B P P L B R O S B R S L
C A Û Q L E L S Û L X B Á Ê L F J
L I X J M E B T S O R Ŵ O A Ŷ A R
H B O Q N R U A J I Á W R X Â U U
C L Ê T U N O M N O H L N V Î U U
T Y Q S P Ô Ï Q F G C M Y G Û K Ŷ
I B H D K G L U E A F Y Q P U O Ô
W E T T K O H O N S Á G R Z P S Î
S H M E Z X C D L B M Ê A Ŷ C E C
T W J F C V E R Ï F Ŷ O A E Ŵ L Û
H W M S M L I J X I A V O Ï U E Y
G C Ŵ S A Û Y R I A H C M R A R S
I P N B R O Î N T H Û N T P D C G
L B R J X I L U C Z T Ŵ I Ï O E U
T A Q Q O Ï A L L E B R O O D Ŵ B
Ŷ S Q W Ŵ H S T U B Ê J Y Ŷ Q X A
Î K I T C H E N S T O O L I V Q U
```

ARMCHAIR   BEDROOMS   BRUSHES
BYLBIAU GOLAU   CANDELABRA   CEBLAU
DOORBELL   DRYSAU   GWRESOGYDDION
KITCHEN STOOL   LAMPLEN   LETTER BOX
LIGHT SWITCH   LLORIAU   LOLFA
MATS   SELER   STAIRS
SUGNWR LLWCH   TECLYN   YSGUBAU

Rhif 6 TEIMLO'N IAWN?

```
G O R F F W Y S O L S M D U E B Û
R R N B Ô J T D E X A L E R L O C
P Ŷ F H S I P Ŵ L H Û X T Â Z D Y
B Î Ŷ Ê G S R O K U Ô P S J J L N
L F R H O U E E B H C Q U L Ê O N
I Û I L E D L R J N O A A Y Y N E
N M K Û F D S L C O L O H R Y O S
E A I G Q E U L F Q D D X G K Ê V
D W Û I G F J Y D Ê P J E N Y H B
I C F K O E I D S Ï L M Â A Û A Z
G Â L D R N L I G H T P Y Ê D J A
V C F E Y G D R Ŷ E H O K A E Î F
I G Q T W N H Ŵ V X O E D P S Y U
Á O X A A A K Ŷ G I Y L O C I K I
Ŵ X W S D T T D N Á O N G N G Y Â
H O G L S Ï E O Ê F S N V Y R Ŵ K
Z P O Ŷ Y R G F Î D A B R Z E Ï R
F N D I I Á W Ô C Ŵ Y V U C N R Û
A Á E P E J Y V G S R L K H E G Q
H G S Ê X X C J N C X Ê G C M R K
Û N L G Î Ê H D E A W P Î Á G O C
I Y Î O N Ŷ B H P G Ŷ Y I J S Y H
V Ê L R W U H Ê O M Î Ï E Q Q N Á
```

AGLOW	ANGRY	AWYROG
BLINEDIG	BODLON	COLD
CYNNES	ENERGISED	EXHAUSTED
GORFFWYSOL	GWYCH	INSPIRED
LIGHT	OERLLYD	OPEN
RELAXED	RHADLON	SÂL
SATED	TANGNEFEDDUS	TAWEL

Rhif 7 YN YR YSBYTY

```
P O P J C R Î P Î V T U E Q N Û Q
B R D D K F D B W H W M D O O R Â
U Ŵ O J E E K E N S D Z D Â I Z S
L O L T U P G Â M Û H R O R D V O
E Y U G A W O T Á O S Z A M D Ï R
D Â R A Ŵ L F G Ŷ S M G Â W O S A
M O G O M R I V S Â W R G Â M J L
M D W O K I J T C O D P E Ï Y F L
O L E Ŷ C D Î I N H H A E H A J E
O O L E Î W N O Z E P T M C T R F
Q N Y L R O O Q L I V H E H Á A A
F A U L T T F U R I Ê O Ô T P D T
Q L K A A Y A Á N Ô Ŷ L Â L S I S
Y L T W O T Z E F D N O V E L O Y
Q A Ï D T R H G H V Ô G Ô W L L Û
C N W R H H B I O T Y Y O T X E G
M O Ŵ I L P E S Ï Â T Ŷ V R E G U
L I B N V O S R A G D A M W A I N
V F Ê I Î R Ï O A Ï Ô T L Ê Â Û X
J I Á A H T Û R M P T L T Ô X J O
Q E H E R E C E P T I O N G O R Î
G L K T B R A N A F K S A Ŵ V Ŵ B
S C M H Á T C N Ï M M Y T Ê Q T Ê
```

ANAF	CATATONIC	CLEIFION ALLANOL
DAMWAIN	DOLUR GWELY	LLAWDRINIAETH
MODDION	MORGUE	PATHOLOGY
PORTER	RADIOLEG	RECEPTION
STETHOSGOP	THEATRE	THERAPIST
THERMOMEDR	VENTILATOR	WARD
WOUND	YSTAFELL AROS	

Rhif 8 POPETH POETH

```
H N A H C O R C C T I F F O C Ô V
N O V L A W R Y S R A K Ŷ Û Q Ô Â
G E T U Ê N R E J E J T N L K W I
Ê N T W Ï I W A G L I V E Ê D M F
J J I Î A F Z A D I W L Û N A Ï Ï
R C Y D W T Î Û S O F Ŵ L R B U G
U U A Ê D S E K B B Ô Q W I D O F
J R L F Î U A R S Û I O N V H J B
K L O Î J C P J B F R D R G Ô C K
Î I O U P R Y Y K O O E R J Ŷ E V
H N Y W T K E Ï Û I T V B Ê T Ŵ U
S G P R P A S T D Á P T G T C B A
Ô T M Ê X M Â T A N R O L H Ô L L
T O S S Û X Ŵ Ŷ R E O E Î E Ï Ŵ O
R N H T E O B L I W H C W O Q U G
O G S T E A M R O O M G O Ô U L B
T S Î H Ê A H Q T U E J Y V Ŷ Q L
A Y P A C D G A Ŵ G H E Á B E C W
I O B Â E H B C E A Y W I U R N B
D M B J Â Ŵ Y Û J A Â D H H Q P D
A E M N D Á H A Z S R T N M A T X
R B Â L L N Z P U Y U N I L O U I
C V Ô F I Á N A K G J S Q T Z Î L
```

BOILER
CHWILBOETH
CURLING TONGS
HAEARN
HOT WATER BOTTLE
OVEN
SAWNA

BWLB GOLAU
COFFI
CYRI
HAUL
KETTLE

PUDDING
STEAM ROOM

CHILLIES
CROCHAN
DIOD
HEATER
MARWOR

RADIATOR
TATEN BOB

Rhif 9 BWYD

```
C S P I H C D N A H S I F C C Y T
D Ï Ŵ X D Z Â Y Ê S U Â Û H U Y B
L N V R R Q Â Â Â X A Ê C Ê J R Ŵ
X Y Ô D D E Ŵ V Q Î G C Á I Z Ê D
Ô S N Á F S N U Q R Û E Y O Ŵ Y G
O N T I Î N Û N R E M D Ŷ W W A B
E Q H O F N P Î I Z T H S F I M X
B O D N R H M R S D T P N H A Â B
L O P B T R G O O O Y W V L Â A R
O V U Ŵ B S A V U V A A A H R H Z
Q G A Z T E A C P R Z T D A C E Û
Ŷ Î I Á P Ê Q F G Ŵ A Q G N S Ê S
C Â C R I S P S K T Ï A C E U C E
I F Á H M Â T O W A R R H Á A S G
N Û A S Z O I S R L E C G W U Â A
I Y I T V J P P L M I R S Z N U S
O S N W P O K E P W K A B Ê O R U
Y G E L B G G O D G R Q Ŷ L M M A
S E F S Y Ô G N Ŷ D Â M L P L Q S
G W U S Ô A A Á O U V G U R A U G
A Y H Y U S O S L Z H Î A B S A F
F L Ŵ P Y Ŵ T E G N D L Y D M R S
N L O Ô R I C E P U D D I N G S X
```

BARA GARLLEG
CINIO YSGAFN
CYW IÂR
GRAWNFWYD
PYS SLWTSH
SANDWICHES
SUNDAY DINNER

CARROTS
CREMPOGAU
FISH AND CHIPS
HUFEN IA
RICE PUDDING
SAUSAGES
TATWS POB

CAWS AR DOST
CRISPS
LAMB
FULL BREAKFAST
SALMON
SOUP
YSGEWYLL

Rhif 10 YN Y GEGIN

```
I Â G G Û Û Ô W H I Q Û C Z P W T
Q Z X K X N T Ŷ O X P O Î I K U I
A M Û M H B U L L W Y B R E N H Ô
Î Î P Ŷ Q K L E N Ŷ Û K Û T C Û S
U S H O T Z V Â A Ŷ K Á N L X I Y
G Ê G Â M E Z S B R A L O I L Â D
M Ô L Ï I C Ŵ T S S O G Q L F Q Ï
D P J S Y Î Â B O O T D E N Q E Ŵ
N Û P A R J Ï X S N Ê T C Z P S Ï
O H R G Ŷ E Á Ê A X W X H T X Ŷ A
O T M O C Û T I R A O Y O T F Ŵ Ŵ
P D Z R Ï I R S D L Â A P Â Ï F F
S J Ŵ W Á I O F A Ê K G P P A O B
E G B R E G L V W O Á O I L T C U
L P M P W V L H D F T R N S Î I U
B S V O L S I J L L W Y G A W L D
A A C T F S N B Ŷ N B D B W P B Y
T Ô E E K G G E Ê A Â D O D J B N
O B B L E Ê P Û C I X T A X X R P
Y R Q I M F I V Ŷ X J I R E W M L
Ŷ L W O B G N I X I M N D F C G A
C L A Y Ï D Y J Q Q Y N F I Ŵ I K
E S R N Y U A I L I E F E G K L I
```

AGORWR POTELI   AGORYDD TIN   CHOPPING BOARD

FFWRN   GEFEILIAU   KNIFE
LLETWAD   LLWY BREN   LLWY GAWL
MIXING BOWL   PEIRIANT GOLCHI   PLÂT

ROLLING PIN   SIEVE   SOSBAN
STOF   TABLESPOON   TOASTER
TRAY   WHISK

Rhif 11 YN Y THEATR

Ô	G	C	Q	I	G	M	B	H	K	Â	H	B	Q	Ŵ	Ô	D

(word search grid)

ACTOR ACTRESS AMATUR
AMPHITHEATRE AUDITION BACKSTAGE
BEIRNIAD CEFNDIR CHOREOGRAPHY
COMEDY CREDIT CUE
DEBUT DEIALOG DIRECTOR
EGWYL GWISGOEDD GWRTHWYNEBYDD
LLEN LLWYFAN UCHAFBWYNT

Rhif 12 DIDDORDEBAU

```
H T E A I D D Y H T E A S S Ô B D
O Ŷ S V P O T T E R Y A K C H J C
S J O I Ô L E K Ê M I Î S U T M A
N Ŵ U C M C Ï I U L F G O L I T S
O D W A E P L U I Î L N Á P A D G
R N G R I Á Ŵ N Ï E J I E T W S L
K V O Á F L G Î F V Ï E V U D T U
E J G U R Ŵ W R Ŷ F Î O B R O F S
L Ŵ N Â Ê H F O P H X N I I R U T
L T I Ŷ K Y W Ï B S P A L N B Â A
I Ê R Ê R U Ô Y E R K C L G J F M
N G D D K X C L F Y M Û I F U O P
G N D Û K Ŷ Ŵ L G O J O A F Î G I
Ï I Y J O Ê H A I P H H R L Û O A
O N X F C Ô N I E A U U D O L O U
N E C B Y Ŵ I Â C N Î A S G Q I G
Ŵ D K H P L Y M I O S G W B A M V
P R Z Ê E L J Â U A X S Û G Q Y V
Û A P Û D S K V F P Ï D T O F L Ô
S G Ŵ J Ï G S W U Û E J D R W P Q
Û H J X L Y Q G Ŷ B S V P S A Ŵ K
G N I T A K S E C I R E K Á Z D H
L R F U W F Z Á Ŵ Û Z C E Q R Ï Ŵ
```

BILLIARDS	BOWLIAU	BRODWAITH
CANOEING	CASGLU STAMPIAU	CHESS
DARTS	DRINGO	GARDENING
GOLFF	GWAU	ICE SKATING
PLYMIO OGOFÂU	PLYMIO SGWBA	POTTERY
RHWYFO	SAETHYDDIAETH	SAILING
SCULPTURING	SGLEFRFYRDDIO	SNORKELLING

Rhif 13 YN Y GAREJ

```
W E X P Ŵ Â W O H W Y Á Î A M L R
P S L W U V A Q D Y G Ŵ O O Â D Î
K Â L I U S L U A L D Â Ï X R N W
Ŵ K M N N E L Ŵ S L G Y Â T F L L
V Z G D I A C Y H Ŵ D F S F Ŵ ŷ
Ï Ŵ R O B T Ê Ô B L Á P D U N I M
D D Î W R B R Y O S Î C T A K E G
O M Á W Y E B Ê A C N E U H C I A
N E R I T L Î O R S C R L X J Á K
C ŷ X P Â T S R D N G B Ê E D Ô F
Ê Z H E O H Z ŷ J Û M Y P E D A L
R G K R Z N O D U I P D H K O R G
ŷ H Q S Q P Ŵ A Á Ê Û I H O K X Î
E U E M I S S I O N S C Ï M Â W K
E J W L R Ê R L F L Y J F S ŷ Ô T
Q D S E Q Û ŷ I Î R C Á K T M Ï T
S Á F N R W N W D C I F U D Â O Â
V A P V Y Y T H X K N D S O H P Y
Û L I O J W T C M D J Y U P Â Á Y
F R O I U ŷ L R Z Á A N N K N P Ê
C Ê R B U A L O G Z N R M Â M V T
D M A G J T U A S Y W P Z I Ê S Y
Â A L V G D M A N U A L Û T D Q Q
```

BRÊC LLAW	CERBYD	CHWILIAD
DASHBOARD	DRYCH	EMISSIONS
FFRÂM	GOLAU BRÊC	INJAN
LLYW	MANUAL	OIL
OLWYN	PEDAL	PWYSAU
SEAT BELT	SMOKE EXHAUST	TORQUE
TYRBIN	TYRE	WINDOW WIPERS

Rhif 14 RHANNAU'R CORFF

```
A Ô B Ô I Y L Á A Á F Ŵ W A N C Î
Â P A F D V U Ŷ Û V Z A V I H V E
V I W Û Ï K I C J W I K A I Ŷ Z Á
Q L D L G F Â Á J S V R N M Z Q Ô
X E T N O Ï A T T N B A O L Ï Ŷ N
O S R J Ï X Â D Ŵ N U Â K A X Ŵ F
I O O U D Ê Ŷ A V D O V R Â Ê J D
M N E G Z O Ŵ N U Û X Á M Ê N W D
D X D E V Ŵ S T O F M Q Á D F B W
Â N L E I K L L N N I W D J Ŷ F G
Î H I N Û Y E C M Ŷ Á E D E P Ŷ W
Q J T K N U H C W K N T S T I C D
C W S E H B Î M E I U D H M L Á Q
O D X Û E Â I F W F H Á D U R B Û
E U G N O T U E R I N X N A M A B
S R Y G Y S G W Y D D Û R S X B Û
Ŷ Î A Ê W R Y O W B Â Ô N E E Ô S
F A R D D W R N B L Û F T Z Ô C U
S Ê Ê Z P F Á O Y R I V S Ê N D S
A Z G Û Ŵ M C Û Y Ô F B Ê T P U K
Y F F Ï P H Ŵ V D P G J Î T S R Û
T S L V Ô Ï X Ô A Y S C B N C Y L
A E L Y I R F Û Ŷ G Ï H Q Û O P Ŷ
```

ARDDWRN	ARM	BAWD TROED
BOCH	BRAIN	CEFN
CHIN	CLUN	COES
DANT	EWINEDD	FFÊR
GWDDF	KNEE	LIP
NOSE	TEETH	THUMB
TONGUE	WAIST	YSGWYDD

Rhif 15 RWY'N WAEL

```
D R L X O O Î X Ŵ C T L E S R C X
O Á L J Á L I R E H B Û A I T I V
R F I S I T I R H T R A H S G F T
O H D D E B H Y Q A L A P P C Â G
L P Y K H N L R E B M G X E B U P
P M P P C I J Ï O S Ï Z H S N S J
Ŷ I E B A L P A N O P E I T E B Ï
Z L N Î H D R E V E F A Ï X N Ŷ Â
M S D Ŵ T E K Q Ô Ŷ H B L M Z H G
M F I C O A Ô Î C I V C H E Ô C H
Ŷ Â C R O W J K W J L M Y B R A Á
Á W S A T G F F Î E Z Ê Û D T B Â
H S W M I W L Â F H D F E N S U K
K E F P Y N B Y S Ŷ D T I Y U A U
L L Z S K B D A T D A A Q R L N Û
T I M Z U S R I W E L Ô X G C N X
I H V G I N B G S L J W Z I N I E
N J O W I K R U E P C Z Ô E Y P D
T W G K H U A R Â Ê O A D M G F G
T R S T L N G Û F L D S N O I Ô X
I V Á O R I H C W S E P E M P Q K
R Ï D Ê E H V E A N L P C D Â Î Z
S Û Â S E Ï Y B A C K A C H E V T
```

ALLERGIES	ARTHRITIS	BACKACHE
CLEFYD SIWGR	CRAMPS	DOLUR GWDDF
FEVER	GOWT	GWAEDLIN
INDISPOSED	LLID Y PENDICS	MEIGRYN
NAUSEATED	PESWCH	PIGYN CLUST
PINNAU BACH	PLOROD	RELAPSE
SEPSIS	SKIN RASH	TOOTHACHE

Rhif 16 AR LAN Y MÔR

```
O D Ŷ L S T V E S H Ŵ B I M G E Ï
Y D Ê A S K I N F L E Ŵ F U Û S J
Ŵ L U Ê B N C R E G Y N M Ô R U H
Û Î O B W Z I N Y W G O L C Î O ŷ
S Z P Â R U F N H M T X Ê C Ô H Î
A S Y Ê I T F P A Ŵ Q M Û C U T N
C U Ŵ A E O Ŷ N Ï E E H O H Ê H Y
J D Á W L N Z D H C A A M Á Î G W
Ŵ Ŷ S U W N T I Î Q S R D A Ô I E
V Î D Ŷ P A O Q Û T B Ê G Î P L Î
N L H K Ê U Û S R I A H C K C E D
G C S D Z S Ê B Y W Z A R Ô Z R G
B X Q Ï U X S F Ê N Ï R Û O X R M
X E Ŷ E S A K K O E H B X Q C L Ô
Ŷ Á A P N C T I Ï P Ê W B Ï Â K Ê
Q E Ô C Ï I S N V C Ŷ R Ï S K S S
Ŵ T Û D H O L U Y Î Û E D G Î L H
Ê W T E R H L E L R Î L T O M Z U
E Y M E U Ô U T R L E N W V W O Î
K N Ŷ W X X G T C O O C U G T Y T
J I A A C Ê A Â S O H M O E E V T
T R A E T H E U X N Á S Ï Q Ŵ W K
Á Á V S Ï Q S F T L Ŵ T F J G K F
```

BEACH HUTS	CERYNTAU	CLOGWYNI
COAST	CREGYN MÔR	DECK CHAIRS
EROSION	EWYN	GRAEAN
HARBWR	LIGHTHOUSE	MOLLUSCS
ROCKS	SBWRIEL	SEA GULLS
SEA WEED	SHORELINE	TONNAU
TRAETH	TWYNI	TYWOD

Rhif 17 YN YR ACWARIWM

```
O T G Ê V G F W R Û S I A R C R P
D K O Ŵ B E D M Ŵ W A D Ŷ C U E Ê
F H C L E D D B Y S G O D Y N D Z
U V B M Ŵ Ô G K Î G H B G Î L N S
O R Ô W M B K Î N Ŵ G R A P K U Ŷ
Ï Q Á Â T H Ê Ŷ D E Ï U I S N O I
D Ê Y O R D W F J F B Á Â M S L D
L W R I W D A I N Y W R B P P F Y
D Î F A Ŷ N T H F Û R Â I K O L F
R U A N Y D O G S Y P T H N Ŵ C V
B R G Î E C T U B I L A H Á N K P
H Ô E S U D U Û N O F V O A V Ï J
E I K P H D E V Ŷ T G E R N C Ŵ J
Ï X Î K U Ê E L U X F C T W V G Û
Q Ŷ R V Z O K N L R V J E I Û F R
M H W X T D R Â H B V G G T H Á J
Y C C A Â Y P G S P Ô O Ô G Ŵ W R
K O L W S L Â Y N Û D N A R W Y F
D K T A M Y N K X A W E Ï E Ô H G
Z X R W M I W P H J L A Á W Â Ŷ G
Z Ï O T F V C H S I F R E T T U B
E R U U X G W Y N I A D M Ô R J H
Ŷ Ô T Z Ŷ N P M M Ê W Î Ŷ O N Z Y
```

BASS   BRWYNIAD   BUTTERFISH
CIMWCH   CLAM   CLEDDBYSGODYN
CRANC   DRAENOG   FLOUNDER
GROUPER   GWYNIAD MÔR   HADOG
HALIBUT   LLEDEN FWD   PYSGODYN AUR
SHRIMP   SIARC   TIWNA
TROUT   WHITEFISH

Rhif 18 SUT OLWG SYDD ARNAF?

```
K C Y N Y S Ï U G L Y I V C K T W
G H K A Ô W T S P R R M Û M Q U Û
S S M E L G I D R N T J B Ô Q T S
E S R G C H U O A Ŷ Î O X Ŵ P T Y
G Ê Ô T C K S V Î G A Î Á E T T Î
H O F C Q A R G Û Q R Ô S B M O B
V H J Á R R A G L L I E F Y C Û P
E A B R Â Y E R O O Î E U F P U L
K Y X E W Â C E H Ŵ Y J H O Z Y O
D Á Y E A R W H I F L W B Z L Z I
X D W Ï A R M Ï L I R E L Â C P R
B Q I G H Û D Â U Y X E Â T P J I
S Y Ŷ A A I Ê E X Ŷ D Z H W A N E
U P H G N Î Á O D Ï L O D Á P P W
O O Á D D N Y J M Á U D Î M J H L
I H Û L S D Y D Î G E D G G Î U L
X Û A U O N E T H M Û Ê Ï H D D E
N U K O M N Y T N F S W Q Ê N G C
A Á M O E N F T N E D I F N O C Ô
Ï E K W N U Q M B X L G O N E S T
L Q Á U L E I Ŵ M S Ŵ P T X I A X
Ï N F V G Ŷ N D X A K Á B S Á O J
Ŷ L G Ô E L O I R U E H I D D M Y
```

ANXIOUS	BEARDED	CELLWEIRIOL
CONFIDENT	CRYCHLYD	CYFEILLGAR
DAGREUOL	DI-GLEM	FUNNY
GLOYW	GONEST	HANDSOME
MEDDW	MOODY	PLENTYNNAIDD
PUZZLED	SHY	SORRY
SYN	THOUGHTFUL	YMDDIHEURIOL

Rhif 19 ALLA I FOD YN GRYF?

```
O J C X L U T Ï Ê Ŷ Q O R Ï Q N U
Û D L E V I T A T I R O H T U A E
Â H H N I K E Û Ŵ F P Î Q T Z I N
Ŷ I Â B A C L Ô B Á Ê N W O D Ŷ C
Û Ï Ï K Â Î B Á Î O N H G D W Y S
U S F Z U Ô A T O U G H G O Û Ŷ L
T K N F S Á G G T E C A X P L J L
Ê C Ŷ O O X I Û H F R E U Ï A E Ï
P Y Y R Ŵ V T H E R C U L E A N S
Ŵ H D M W K A G M K Y A Î V F U T
L Y E I A D F M W Y H Û D K O Á A
Á R W D K I E W W Ŵ D I J A R B L
V O R A V O D R Â V F R D Ï R A W
Ê G V B B M N T I Ï X E A X Î N A
X E Ŷ L Û X I G Z N Z Ŷ C H V M R
Q Y R E I F O K I P Û N G S Ŷ Û T
C K Û W T R X W S Y W K Q I Ê A C
N V U J O T Á Ŷ L L Y M T Ô V H G
Ŵ B A U Â F Ŷ L C M G Â Â I R N G
Ê O S X Û Ï P I X B C O V L Z D M
H A N G E R D D O L T W L J R A I
S E L F A S S E R T I V E A W L B
G N R R B Ô D I F R I F O L T J H
```

ANGERDDOL	AUTHORITATIVE	CADARN
CYHYROG	DEWR	DIFRIFOL
DWYS	EIDDGAR	FIERY
FORMIDABLE	HARDY	HERCULEAN
INDEFATIGABLE	LLYM	SELF-ASSERTIVE
SELOG	STALWART	TALOG
TOUGH	TRWM	VIGOROUS

Rhif 20 YDW I'N GWYBOD FY NGRAMADEG?

```
E B T R O S I A D W Ô S B K T F H
A V F M Û Ï T O Ê Y Y W Á J B C E
Ï L I S Û L Q B X R L I A T Y W Û
Ŷ U A S O H U R W I X W J R D A Z
S W P D S Ô Û E R D Y R H F Ï U Q
X C R Â D A X V Ê C I T Z Ô A A Á
Î R O Ï Ŷ E P D M A R R E Á D P Ô
S W N H Û Î M A D W Z Â Î R E Â U
R X O Ô Ê Î S D G E G J B K K T Û
U U U Q J C O R A Ŷ V T Â K N Ï Û
Ê F N T U S L K Ê L N I Á C V U D
C F E L N Ŵ P Ŵ O Y G E T U Q Û A
E W I A H J Ŵ K R Ŵ C I H A Á Ï B
N N Î S M Â T U C M S U E P G S L
E S Y N O N Y M J L C S Z R Y E O
D F Â A Ŵ B J S H Ï Â T I A T H N
L V U G W R T H E N W S Q R P G N
O R W T N G Q Ŵ Ŵ P Z P D Z N Y E
D S U G U Ï A X J F F R Ô O Ô Ô F
A K U Â K R S P E E C H M A R K F
L A M M O C E F Û I N L S Z M J R
B P E L O D O F Y D Y R E S M A O
A T A L N O D L L A W N J Á O E G
```

ABLADOL	ADVERB	AMSER Y DYFODOL
ANSODDAIR	ATALNOD LLAWN	CENEDL
COMMA	DIRYW	FUTURE
GORFFENNOL	GWRTHENW	GWRTHRYCH
HYPHEN	MASCULINE	NEGATIVE
PASSIVE	PRONOUN	SPEECH MARK
SYNONYM	TREIGLAD MEDDAL	TROSIAD

Rhif 21 I'R YMWELYDD

ARDDANGOSFA	CADEIRLAN
CAMLAS	CASTLE
CHURCH	FERRIS WHEEL
GARDENS	HERITAGE RAILWAY
MARCHNADOEDD	MONUMENT
MOSG	MUSEUM
OPERA HOUSE	ORIEL
PALAS	PARC CENEDLAETHOL
RHAEADRAU	TEML
THEME PARK	TŴR
VINEYARDS	

Rhif 22 RWY'N MWYNHAU

```
C G Î B Ŵ L C Á Ê Q A Y Q M F Z Ï
Ê Î S T Q S Ŷ Á O A R C Ŵ W Â K E
U Ô G T T S J Z V X U Û D W F C Î
S X G R Á L Y D C Î A C A K E S Q
A Q Q D A P E A T Û R R C A P S X
M G Â E A D O Â D M F Ê A G Â I N
E O S A D Û O D Z I Y M N N M M O
N O J R W S E Z U J L O U I K L I
I D E T E W Y N A B L O E H N Q G
C C R N P I J O S G Á B H G Á R E
C O L I Ô M M D E Ê E G P U P O H
Ï M R R Û M E C R R T N D A Â G R
I P Á T O I L C Y F E I L L I O N
L A V J U N Û Ŵ W M Á T S B S Û A
Î N R K O G V C C A B S I Á S K G
Y Y G B J F X H A R M E O W N N Y
Û F T Ô C L Ŵ Ï N B A R C D I Q B
O I C A L M Y Â O Î E T L P J S Ê
G E M W A I T H I G R A E K N T Ŵ
T Y M H O R A U R C J E D L J E Û
Ô U W Ê Ô V Ŷ Q Y J L V K G V P Ê
Z E Ô H A Ô O S W S Y A D Y A P Á
L Q Ï B K E Ï W Ï Á Y M G V T Ô J
```

ANRHEGION	CAKES	CANU
CERDDED	CINEMAS	CYFEILLION
GEMWAITH	GOOD COMPANY	HOLIDAYS
LAUGHING	LLYFRAU	PAY DAY
PETS	RESTING	SIOCLED
SLEEPING	SWIMMING	TRIN TRAED
TYMHORAU	WYRION AC WYRESAU	YMLACIO

Rhif 23 GALLAF AROGLI

```
Z M N O R D U B D A L L I D P D E
T Q J O B E L I M O M A C O S E N
R Û Î H R H O S Y N N A U F E A I
H S V O V H T Â E Â K Ŵ I Ŵ L R P
Â Y Y Â I Y E C R W A S R E P T L
I P Û K B M Ê B S X H U Q H P Ŵ Ŵ
R O Â Z Â H T X Ï H R M N Z A Y U
Ŵ H W Ï Y U K Ŵ Â P Ê L Ï L Q Ŷ D
Ô X Ê M Ï O Á X U Z E Ŷ Ŵ S Q Y P
I J V G D W P X X M H H U M H E Ï
B A Î Z N S Ŵ Ô O K Ï U G O O K F
R C Ï P G W Ŵ N M I J Ï Z K N M I
E K Î Û E L D Á F B W Z Y E Ŷ U F
S V B R R Z E B G J A Â Z S Á Q I
Y Y Ê Ŵ E B N L W C K H D Z L H Î
C Ï C A H Â Ê M R R G E N I F D Ê
H Ô A Q T Î G E D V Q I Ê Ŵ P J R
H T L S A F D E U L P M Ê N C Y I
Ŷ B I G E Ï R Â A M B E Î F L O A
Ô E L O L U Ê V Y V V Ŵ T H Û X W
F S Î D N P T Ï W I F J J R Ê Î G
D A J A Â X M Â C D A H Ê P O Ô Ô
L Ŷ M V H C A E L B F V F U C L S
```

APPLES	BLEACH	BRESYCH
CAMOMILE	DILLAD BUDRON	DOGS
FINEGR	FISH	GWAIR
HOPYS	LEATHER	LEMON
LILAC	MANURE	PERSAWR
PETROL	PINE	RHOSYNNAU
SMOKE	TRAED	WYAU DRWG

Rhif 24 YN HOLLYWOOD?

```
G S G V E Y M G B D T L A I B C Ŵ
G G Â C A L S W Ô V A O R Q D L S
E O Y Z Ô O E A Á C M Â E A W O Ŷ
D N W T Î Á B S K M O C M P Y C Ê
A W I N M X L G P Ŵ Ê S A S T A K
H N G A E U J O P Ê A G C R Ŷ T E
R C V Ŷ S Ï Ŷ R Î V E F E Â Ê I Â
A S I C Ï R O A Ŵ R M Ŵ G I T O Q
P Ŷ Z S D D B U J L G Ê P X R N K
I Z C Z U V C Y I Á H C Û L R I N
P A U C Î M Y F W Ŵ Ŷ H H E Ï O O
L Z E K O Â F E N L E S F U P I Â
H R J A F T A R O O L F Z Q Ê R M
Q U M O P H R Î F H A X V E N A R
Ê U E I Q B W M F G O P T S L N H
Ŵ Ŵ R S Á F Y Ô O Z C H R C T E Y
L G P F I Á D Á R P Y M A K I C D
S O M W Q Û D E C C W T I Z E S D
D K O Z Ô L W E I Û R L L Ê D C H
F L D P Z G R O E Y P A E V S Q A
E Ŷ Ê C S Ï Á J M M R I R L I Û U
E T A M I N A Ï Q V I J N O K N L
W U K Ŷ W B E Ô Ï Ï D Û V H Á Û B
```

ANIMATE	CAMERA	CYFARWYDDWR
DIRPRWY	ENWOG	GAFFER
GEIRIO	GWAS GORAU	ISDEITL
LLWYBR SAIN	LOCATION	MEICROFFON
MUSIC	PARHAD	PRODUCER
RHYDDHAU	SCENARIO	SEQUEL
SGRIPT FFILM	SPOOL	TRAILER

Rhif 25 BETH DDYLWN I EI WISGO?

```
E X E S Ŵ C B I X D H W I P D Y B
Û X Î I Á R Ŷ D I Ï I N Ô E A V P
Z Ï Ŵ X Q Y D L I Û M B L S N O S
M P G R W S L Ŷ I V L K T W Ŷ T A
A Ï R Q Á A S I L C W M D O Ï S N
I N K L D S E O H S S T U L R W D
Ŵ B A I Ŵ Ï Á N Q J E X Y B E R A
U Z S G E R T S E M A D O Ô Á C L
I A F F I S C A R F I O L Ŷ Y F A
F Z C I L D N Ŷ Ê Â T B S I D Â U
I M Á N S S R W P S Z G Û E I E A
S T I E T I M A T H F M L A T A K
Y P X E Â Û L A C Â H H Û Á L D M
A V Á D Ï P O Ŷ L A C J A Ê I T J
A H G Q V C C T T I R X Q Ï K F Î
M W D Z R Y Á I E E Ô G Î Y R Â I
E D B E T I N R P V D F Ŵ Ŷ E I H
G I V Ŵ J V B M A T R O U S E R S
U O B Â Â J W R Î Q P N Ï F E T Y
C T R Ô Ï I Y B K Â Ê Î E Ŷ X Y C
N B P F S S K C O S Ô C Ô G S Y M
R C H Û F H F V Î A W C H G S S D
Ŷ Ŵ P Î Û Ô W K C Ê U Ê B A S T W
```

BLOWS	BOOTS	BREICHLED
CARDIGAN	CRYS	DILLAD ISAF
FFROG	HAT	HWDI
JEANS	KILT	MWCLIS
OVERCOAT	SANDALAU	SCARF
SGERT	SHOES	SIWMPER
SOCKS	TEITS	TROUSERS

Rhif 26 YN Y SW?

```
Ê Ŷ V D D Ê I Î Â Q Ê A T P N Ŷ Ŷ
O Z N C N W Y C H Ê Ê Ê E Y K D K
R Q S N L O F X N A Q N D E Î N T
C O Z N D Ï O X Û W H T M N Ŷ I W
W G Q Ô Ô G Î B J V M Ŷ W H B A P
T Î K S Î O Y S A Î X X T B A G Ê
W K Û R Y V E T Ô B Î F A K Â R W
Y K Á W L Ŷ K A N G A R O O K C E
C T Ŵ D M E N Ŵ D U U N D Y Â H R
R Ê G B S Ŷ O Ê S C D Z Â C Â Ô P
Â Ï V R B N D Û M S Ŵ R I U Â B L
D L E M A C A R R Â I Ŵ E G A F R
A P V H Ŵ I K L Ŷ E S O O G N O M
W Î M Û D S L Á I S K Y Ŷ Ŵ I G Ê
K C O C A E P F Y G N J N Q Û T B
E T E R R E F R O Ê A Q Z A O Û N
Î U Z Ô B Û T Á Ï S A T W O L F Y
D Z Z F Ê S Ô Ŷ U Ŵ R J O Ŷ Î R W
W R B X E S E Ŵ A Â B J S R Z W A
K E E C J G Î C Û Y E Ï O X N M L
Û I L W D Û Q Î J S S Ê O C L U R
Ô U Â L G T N A F F I L E Y Ê Î W
D L Î Ŷ I I G M C Y Ê V R T V L S
```

ALIGATOR	BABOON	CAMEL
DONKEY	DREWGI	ELIFFANT
ESTRYS	FERRET	GAFR
HARE	KANGAROO	LLEW
MONGOOSE	MWNCI	PEACOCK
RABBIT	SEBRA	SOFLIAR
TIGER	WALRWS	WOLF

Rhif 27 TWT, TWT!

```
D P M O N E Y L A U N D E R I N G
Y A U Y Â V S C T U Ô O G Ï S Ô D
Û Y I B C G C R W Á Y Ê X K S W W
H N Z G L A Y Y Y E Z A Z C A W Y
T Z O Î Y I R M M C R J Z G R M N
E M Î I C D C I R Ŵ X Á Ŵ Ŷ A M W
A S Á Â T O D D P I J H R H H H I
I I B F F P S M I S D L L Y W T S
D R W T X X U G Y S N X I Ê Î E M
D O Y R M B V R O M O O S A Ŵ A U
U R I X P Ŵ Ŷ W R I A R C I H Y G
R R U G X D X Ŵ C O T C D D W W G
F E I X U N O L M O C R A E G R L
O T U P H F A X I R I R E E R B I
L Y M W R E F P S D D Ê U T L O N
L Û M Ŵ V S I Ï S A Â Ŷ R B H W G
D Ŵ S Z E G T S L W Ê H R H Ŵ R X
E T R U W A G L Q B W Y Y W Ŵ G X
C B Á R Ŵ E C Y U W Â U R A F W K
E N E V S B T M Y A O Ŵ O S S L R
I H Á J M Ê Á A K F S Ê G A Û L Á
T Z S U G U C Ŷ H M Z S I Q P Á U
R E T H G U A L S N A M A A K F Z
```

ASSAULT	CAMYMDDYGIAD	CONSPIRACY
CORRUPTION	DECEIT	DIRMYG
DWYN	FFUGIO	GORYRRU
HARASS	HERWGIPIO	LLADRAD
LLOFRUDDIAETH	LLWGRWOBRWYAETH	MANSLAUGHTER
MONEY	OSGOI TRETH	PUBLIC
LAUNDERING		DISORDER
SMUGGLING	TERRORISM	TWYLL

Rhif 28 YR ELFENNAU

```
I N O Q Ŵ C Z U R K X Y Î D N T Ê
J E Ŵ Ï M P D S W X Â Ŵ Y Â Î Ï M
O G G B A D Ô M P Q Ê C N I S U Á
Ŵ O Ŵ R N E M W A Ŷ P Î Ô E I Z T
N R Z B G Ŵ Y I U K G N T L M P Ê
C D V N A Ŵ Î S R X O M E Á W W E
A Y O I N Ï Ê E A E C H L E Û B Û
L H D A E L N N Ô S Ô Â S R Y Y
S Ŷ Î X S Â I G I K Q Ê D E Ê T E
I D M I E Q V A U Ŵ Ï T P N I Y S
W C A R B O N M M Ô Y P D H D U K
M U W Á U Ô O Z H U O C A R I A N
R G Î Y V N F X C C I N C V Z I G
J Î Ï T W R X L Y M U D L I C S V
Q J Q Ï R A Â Ŷ Y G S Y O A K O N
L H Ŵ A Z E S V Q Â E P R S K E E
B E A E Z A H M O Ŵ Â N I Â G I Ô
X A K L Z H R H Ŵ Ï Y Î N O Ï F U
N P Ŷ C N B Ŵ J Û Q H Q R M O F D
W Ŵ Ŷ Ï I I Ŷ Y V Á A T F F Ŵ Á K
T Á C Â R N J Z F I I Û W B Ï A Ŵ
I D Á Ï Q L Î C I N E S R A F F Ô
N F O W P Q F Ŵ M M I Ŵ P F O O Q
```

- ARIAN
- ARSENIC
- AUR
- CALSIWM
- CARBON
- CLORIN
- COPPER
- HAEARN
- HELIUM
- HYDROGEN
- LEAD
- MAGNESIWM
- MANGANESE
- NEON
- NICKEL
- NITROGEN
- OXYGEN
- SINC
- SODIUM
- TIN
- URANIUM

Rhif 29 GWLEDYDD SCHENGEN

```
A D C V L X Ŷ S W I S T I R C D D
I F V C L Ŵ H G Z M J N L I S D L
N I X I Î V N T Z C F T A A D E W
A N A N E A B S I Z N I T I D O C
U L A N C S S O B Ô N L Î R E R S
H A E ŷ J W T T Ŵ E A V Z T N I E
T N G Û E Ê P O V M L Ŷ U S M D M
I D Q D D H S O N P T G I W A L B
L Â E F Ŵ A L B N I R B I A R E W
L N L Y S S Q O G U A L I U K S R
A E M Î R Ï R N R I Á D Ê O M I G
I O S W G W L A D P W Y L A Â R Q
C Y J Y A Ŷ Ŵ M Y Î L I A X O Y V
A Ŷ Ŷ Y I Z D A A J B N T L O Ï V
F Q Ï X N Ô K T Z Y C Z V Q Q X X
O Î Z J A Á W G Y Y J C I Y A A K
L Á V P X Ô U X H Ê Á N A I T N L
S Ŷ B I C Â Q O Ô L A G U T R O P
Û L I E C H T E N S T E I N C T Q
G W E R I N I A E T H T S E I C V
A Ŷ X F V A L A D I E R Y Â V B V
Y V D F A P I E Î J G O M G O K K
V Ŵ E D T C R Û W J L A Ê O A Ï Â
```

AWSTRIA	BELGIUM	DENMARK
ESTONIA	FINLAND	GWERINIAETH TSEIC
GWLAD PWYL	LATVIA	LIECHTENSTEIN
LITHUANIA	LWCSEMBWRG	MALTA
NORWAY	PORTUGAL	SBAEN
SLOFACIA	SLOVENIA	SWEDEN
SWISTIR	YR EIDAL	YR ISELDIROEDD

Rhif 30 YN Y CWPWRDD SGWENNU

```
Ï X V Û R Ê H Ô R Û Z L C B B V C
Ï A Â S E D M Â P U Î P V Î O E D
X Ô Y O N R U V C R C G Ŷ R X P Ô
M Ô M Ŷ E T U L L T K A V Ŵ Â A H
R X C L P U E L G M B I L M Ŷ T N
N Ê U U R A B K Ï Â L M I U X Z J
C R Ê Ï A I I V U E Ô Y L Ô F Ô D
S A L M H L L U A I L I E F F Y U
N S D P S I L Î S M S P Ô V F T U
E V D W S S D R N L H M V G H O X
P Ŵ Y B C N E W I O Û S Î T C Î O
R A L A I E U O P M N Î E X L S B
E E Y N B P D H G Ô G Û C V I S K
T R F D Ô J W P N P X Â S R P E E
H A F I Z E L Â I I E U T J I L S
G S Y A X Y L S W Ê Á E Q R A P A
I E T U X H D Ŷ A T C Ê A Q U A C
L R S R Û G N I R T S M T N P T L
H S A W P R O U D I L A Ï Ê A S I
G F G B K Ŷ X O S E G T Ŷ Ï P P C
I J T E Î V V W N I W Â P E U T N
H Ŷ W R Û A R N A Û Û Á M N R N E
F Î Z R B N I U Î U D J Ï O V P P
```

AMLENNI	BANDIAU RWBER	CETRIS
CLIPIAU PAPUR	DRAWING PINS	EBILL DEUDWLL
ERASERS	FFEILIAU	GLUD
HIGHLIGHTER	PENCIL CASE	PENSILIAU
PENS		
RULER	SHARPENER	SISWRN
STAPLES	STRING	STYFFYLYDD
TAGIAU	TAPE	

Rhif 31 YN YR ARCHFARCHNAD

```
F P K F T Ê A T R M N E O C C S
Á Ï Ï R X B K J C B P F Ï C O S V
M X P G K V F T L Ï C Ŵ U T Ŵ H Q
C G O E D P N N O L L N S O M R Ê
U T Ŷ N A D M P Y M Q U Ï Ŷ E C N
V A P I I I Á K Û E A Î Y T Î T G
C U D F Ô Ŷ B M Â I Â T T A Z L S
L N U A Ê H E E B Ô M U O Ô U V Á
O A Y N H T E W O Á B I G S Ï T D
Á T D I Q S I G L D U A N C Z P G
Ï S Û B Ï C G H E Y P U P U R B D
Q A Ê H T J I X W W Â L S Q B G Î
S P S G Y Ŵ V F C F Y Ï E X Á U T
Ï P S W I G K K O N K R L D U L H
Q I R E S K J T G W R A B L A S F
O D Q Z S V P T I A Ï H A S Ï Ê Ô
P D B A H L Ŵ Y N R F S T Ŵ Ô O I
D O N O I N U C I G Î I E X Û K H
E S E E H C Á P O B Y F G H X R B
U K S G R A G U S M B Y E Â E S C
Q B U O Ŵ E F Ŵ I V A L V I Â Î H
S Y Ô Ô U E O L B Ŵ R I S T R Ô Y
L Î W Û M P K I Î A A O X F Ŷ Ô O
```

BARA	BUTTER	CHEESE
CIWBIAU STOC	CNAU	FINEGR
GRAWNFWYD	HADAU	MILK
NIONOD	OILY FISH	OLEW COGINIO
PASTA	PULSES	PUPUR
REIS	SALT	SOUP
SUGAR	TOMATOS	VEGETABLES

Rhif 32 PERLYSIAU A SBEISYS

```
V V P Á P O Ŵ Á Â E B J Á D Ŵ Ï P
P J Y Ŷ T U J Y D M Â Î Ŵ Â B B Ï
U Á Q L N J P Û J I O K Ŷ E V X R
N O Q C M C Ï U Q Ô O D Y M X N Ï
A O G J E I Ê K R A Y Ŷ R L J O G
C C G U Ï R E P Ô D C Ŷ A Î O M F
I U N A Ï E A T Î C U A M Û F A H
R Z J A R M W A Ô M W J E Ê Î N Â
P V J B Ê R J P W I S Â S W M N E
A O Â E F U A R B D O K O R I I V
P C C H Ô T F T P M P Ï R Ŵ Á C J
E A A W Ô F C B L K S Ê W G O F T
T Y G Ï A B F N G Â A J Ŷ E E A Q
M E M S E Á E Ô D Ô P Î F M B N R
Û N Y T L L E W N O M E L T A I I
T N K Ŵ Z Á E Z P Û Y Ŷ O Y S L O
S E R J L Ê R Á C P Z D Û N Á A N
I A C M O M A D R A C T I Ê Q A A
V O G C H I V E S E M S T T T B G
L L V E Î K V W Â Û Á U P N Á R E
V L Â D B A Y L E A V E S Ï I W R
Z C S Y L L N I H N E R B Y Y M O
X D Ê Ô D X V T X G R F J C S I E
```

BAY LEAVES	BRENHINLLYS	CARDAMOM
CAYENNE	CHIVES	CINNAMON
FANILA	LEMONWELLT	MINT
NYTMEG	OREGANO	PAPRICA
PUPUR DU	ROSEMARY	SAFFRWM
SAGE	SINSIR	SUMAC
TARRAGON	TEIM	TURMERIC

Rhif 33 YN GADARNHAOL

ACCOUNTABILITY ASBRI CEISIO
CHEERS CODI CYMRODOR
DIDWYLL DILYSU EASE
HEDDWCH INTRIGUINGLY JYGLWR
KNOWINGLY MASTERFUL NIWTRAL
OFFICIAL PENDERFYNU RADIANTLY
THANKS WORTHY YN
UNIONGYRCHOL

Rhif 34 RHESTR O GODLYSIAU

```
S D O P Â X U R E Î H F U Ŵ Z B Â
A D Î A Z V J W L K D K H E Ŵ Z D
E R E K Ŵ Ŷ D Ô K J N E N H Û Ê C
P Y T G E V H Û P Y J H F Ê M C N
T W Q T Ŷ X K V F H S Á Q X O C A
I G P Ŷ Ô N O Z I S Ô Ŵ Z Ŵ W Q U
L S O S L I T N E L D E R B G Ô M
P Y Ŷ H L N H Ô H U V S R Ŵ A Û W
S B X G U I I Û Î H X Q Ŵ Ï Y K N
A R U Ê D H T J I K U Z D A P Â C
E O Á R S Ô Ŵ N K U W R U S Á P I
I C F G Y U U Î E Î R Ê I A M G U
Ï Î L Ê B P Ï O O L Â J X Á B M D
Ŵ M E T T D Á N Ŷ Z N E E A Á N D
S F R P Y U U K V B Ï W R Ŷ D O T
A B Ê C O R B Y S D U L O W V I A
E O B N L T Ï D Ï K E S A R R N G
P N N A N P A Û Ŵ Y Á R S A B Y Y
K A E D Â Q P T M P F W Y Ô V W L
C V S Y L F V I O P A O Î B P G L
I I Y L Ï Z S U E Â S M U N G A A
H S P L Ŵ O Ŵ A Â G I G N E R F F
C T I B P Y S E L Y L Â Ô T G F F
```

ADZUKI	BARLEY MISO	BONAVIST
BROWN LENTILS	CHICKPEAS	CNAU MWNCI
CORBYS DU	CORBYS GWYRDD	DWARF PEAS
FFA GWYNION	FFA LLYGATDDU	FFRENGIG
LLYDAN	MUNG	POTATO
PYSEN BÊR	RED LENTILS	SOYA
SPLIT PEAS	YTBYS DU	

Rhif 35 FFRWYTHAU UNRHYW UN?

```
Ô C Û S M Ŷ Ô G Ï S K R J Ŷ E I W
W Q Ï K Â P Q Á T A N J E R Î N Z
A T P O R E N A U F D U Û Y L P Ê
G R Ô S N Â F Q Z Q D K V L F W D
Ô Á R O F A Ï G B N N B U Â A Ŵ H
H U L Y L Ŷ O G I Ŵ Ï S T Ŵ F U X
G E N O I H C O C S T N E R Y C S
M L Á K K S I R E B S W G A A A E
Ŵ S L C X Ê X Î R C P V G M O S P
D T G U O S Ï T Ŷ H Ê N R O U H A
A N Q Á G C E Û G P A Û Q J R E R
N A U B Z A O H Ŷ M C Q L Û P W G
A R N G N P E N C W A Û T I Ê Y Ô
R R U E A T Ê R U A D N N V V V E
G U S Â Ŵ X U N O T E E D L T K T
M C Â G Q O P Ŷ W N A P P A K Î G
O K N Y Ŵ D Y J Z P E Á K H R A Ê
P C M Z Î A X K P L J N Ŷ Ï Ŵ I N
Û A F U H C M L W E B Î O S P C N
E L S Î S O E G E L L Y G E N Q H
Î B I Â W V D O Y T R L Á X Y Q O
Ô Ê S T R A W B E R R Y O A H Û O
N O F A M P L U M B S M P Ï U D U
```

AFAL	AVOCADO	BLACKCURRANTS
CASHEW	COCONUT	CYRENTS COCHION
GELLYGEN	GRAPES	GWSBERIS
LLUGAERONEN	LLUS	MAFON
MANDARIN	MELON	ORENAU
PEACHES	PINEAPPLE	PLUMBS
POMGRANAD	STRAWBERRY	TANJERÎN

Rhif 36 YN Y BRIFYSGOL

```
Â J P F Z Ô Ŵ Ŵ A D M I S S I O N
H Ŷ Ê Ê Y Ê B L M Y F Y R I W R A
E T A U D A R G M N B N E R X U C
Z Z A L B V Y Ê A R A W H O C W Y
T L H U R Y Î C S G G I P R Q G N
Ô E S H Y Ê C Ô T D L E O H L W F
Î Á E P I D Y V E D O L S T P A Y
K P R G T S M Û R I R I O A E P F
I Î Y P T J R Y S A Y W L Ŵ N P Y
S N V Î Ŵ X O A W M N H I Ŷ N L R
U E O Â A P D U D E Y C H Û A I I
Ô K I M Ŷ V O Y A D C M P Û E C W
R U N T E Û R Á Ŷ A E Y Ï D T A R
G Ï O Ï I R P X Â C L D M O H T E
O J I D L N E H Ŵ A F W I S A I T
G Î S E A E A S Ê P Y A N G D O A
V S S Y I K Ŵ M N A D H Ï G R N R
H T I L R A D F U S D T N H A J O
Ô Û M Á O Y W Á K H Y E Q Î N Ï T
Ô F B Ï T L O N E M D A Ô S Á A C
M T U U Ŵ Â Á Î Ŷ A R Y H Û Ê O
Ï Ŷ S Q T Ï M H J I U T M M P Á D
P D Á W T S I G O L O I B Ŵ Û Ŷ Z
```

ACADEMAIDD	ADMISSION	APPLICATION
ATHRO	BAGLOR YN Y CELFYDDYDAU	BIOLOGIST
CYMRODOR	CYN-FYFYRIWR	DARLITH
DOCTORATE	GRADUATE	HUMANITIES
ISRADDEDIG	MASTERS	MYFYRIWR
PENNAETH ADRAN	PHILOSOPHER	SEREMONI
SUBMISSION	TRAETHAWD YMCHWIL	TUTORIAL

Rhif 37 GYDA'R DEINTYDD

```
L Î J Q A S Q K G W A E D U D B X
G W I R I A D Ŷ Q A U Ê Ê Á E O Ô
Ŵ L R X X F M K Q S R U D T N R J
C G R R S N T D F T Ô Ï O O T A B
X Ŵ O D F Ŷ S K A Y B B N I I L ŷ
G X T Y X O Â R Ŵ D O F A T S E Û
K D I L Ï W T N R F O L E D T X A
W T D E P A L Ŵ R Ŷ A D A D Ê A Â
U T E P R Á L K Ê J T N Z Y M M Ô
G Y W M Ô P Î S C M O Y T N T I Á
Z I N A S L W R Ŷ I O P Ŵ N O N N
Á Q X Ï Z E Ŷ M T N Û L Î Y O A Y
K P K B L Ŵ C C Û I I A A B T T Â
A D E L V L E A C S F Q L R H I E
Ŵ H I Â Q J N K R A G U G E A O U
Z N Î Z N W Q A Á B D E Z D C N Ô
G Y M I C L Ô V B I U A P Y H M Á
L K L Ô S I T I V I G N I G E Ŵ A
U J Y T I V A C M O Á T A R W V Z
N D A I T N Y W P A P J E Û C Â Ê
R R B J S P C Ŷ S Ô M O T P M Y S
Ï U J O U H K Q U A Î Y T Ô F S Z
J E J D O S O G D D E N N A D I C
```

APWYNTIAD	BRACES	CADAIR
CAVITY	DANNEDD	DENTIST
	GOSOD	
DERBYNNYDD	GINGIVITIS	GWAEDU
GWIRIAD	INJECTION	MOLAR
ORAL EXAMINATION	PELYDR-X	PLAQUE
SWELLING	SYMPTOM	TAFOD
TARTAR	TOOTHACHE	WEDI TORRI

Rhif 38 SIARAD AM Y TYWYDD

```
I O G R S D Z E Î H Â Ï J S Â W A
P D Q U B L U S T E R Y H Y Û R O
K A N T Q N Q R Ï Q P H H C C Î Z
Ï N D E L D F R T L S Û U D X I N
Y R P P S L G Z E C D Á M A P K I
F O R O Y Ŵ E S Â C P E I Î M I W
G T B P F Â R M E U Ŵ C D V Â H L
G K Ô W N Ê Y Â Ê U A Â F S D J O
G N A D E Á Q H D Y L L N Y H R G
K H I Ŵ U I P W H Ï R W W Ŷ F B V
Q Ô G W Y Ô C O F Ŵ H T Y Â S Ô S
Ê Z Ŷ N O Î Ê L K Ô Ŵ R K B B K L
T Â U A I N Ô J Î T O Q Ô F W B Ŵ
N Q Û R M N S B T E M P E R A T E
Y L F A F L I Ŷ Î F L L U W C H M
W S Î T V M R A I Û Ô N U Â U Â I
R S Ŷ L N M Y X R X M Á W P A Î L
O I E T S A C R E V O J N L Z Q D
C Q L R S S H T E O B L I W H C P
K A V Ŷ W Á R W D Ô O R R Á I J Û
Û Â M Û H N B Ô R L Z Û T Ô V U Ŵ
C Y N N E S O F J H I G C Û Ô O X
Ê Y Ô H O G S T O R M U S N I K L
```

BLUSTERY	CHWILBOETH	CORWYNT
CYNNES	ENFYS	HUMID
ICY	LLUWCH	MELLT
MILD	NIWLOG	OVERCAST
RAINING	RHYNLLYD	SNOWING
STORMUS	SUNNY	TARAN
TEMPERATE	TON WRES	TORNADO

Rhif 39 YN YR AMGUEDDFA

```
Ŷ J Ŷ M F Y D S I Á K D Î B Ï V P
X S R O T P L U C S H M Ŵ I Ô U Q
D Ô C Â E A P K H T H Ŷ P Z I X Û
N E X H Ŵ P Ï H G R Â E L Ê I T W
U N T N E I C N A J C P Y E B U I
L B Y X O R I C S E O M U R A L S
R X W Z W I Ê O I T R A Z N S I N
I T Y Û U Û T P R Ï A P B Ï Û O B
T Î S D M A R I N B O T Z D I R Ŷ
Û K Y Û L E D H B S N R U G H T D
J F D K T C G D T I T W E E T Ŷ Ï
I K D S X K Y E R Â H H O Z E L N
D P A X M E R T L Y R X A S A Ŵ R
M M A H L S U M I N P R E W G Z A
B E N E H F Y G A U T Y Q S I J E
Ï Ô K D N N E P O I Q Â C L D A A
M Î Ê M E T O K F L Q I P Â E R H
I Ï Ŵ D Û I I A Á Ŷ A F T B W C R
J F I R S B C A Î H Q T Â N D H Y
V A J D S T Á Ŵ D K T Â A Û A I S
D V Y R S D A I N A R F Y C C F E
S D Ŷ M T G N Ŷ I B U Ï L W T C O
N L Î Y G H Q Â Ê E Ê Ê H I Û R P
```

ANCIENT　　　　　ANTIQUITY　　　　ARCHIF
ARTIFACTS　　　　CADWEDIGAETH　　CATALOGUE
CYFRANIAD　　　　CYPYRDDAU　　　　EXHIBITION
HENEB　　　　　　MASTERPIECE　　　MURALS
OES YR HAEARN　　PAENTIADAU　　　POSTERS
SCULPTORS　　　　SIOP　　　　　　　STATUE
　　　　　　　　　ANRHEGION
TÂL MYNEDIAD　　TIRLUN　　　　　　TYWYSYDD

Rhif 40 RHAI ADFERFAU

```
I Zû R W E D D N Y B Ô C S Y Â R
S U H C W A N Y S S Á K R U N R F
X S D H G ŷ B Z U Á K A I J G Ô Q
C U J W D W Î R P V Î ŷ W K Y Y K
M A Q L Á Q U W A R Á E R F S L Ï
R L G Y O T V K P T B K I B G L P
Y L B X N R R J R A D Z E R L U Z
L Y Y A P W H Z Ï Y I R N Q Y F A
L Î N N M Y T Û T N N Y Î D H E
U Y V F G C W L U Û T D F Ŵ G S J
F M W P J A Ŵ W L R J S W U Y A M
T Â Ŵ Â Ŵ V D Û O T A Y X T L B W
H N Z O X H L A M E V N Á C R L C
G I X M S W Q Á R X F Û Y G E L Y
I M Y L F Y G N Y N B U Ô O E T K
L E K D Â P ŷ S D O H Ŵ L ŷ U Q D
E X C I T E D L Y Ô H A F L Q A Z
D Y L T E E W S W E F S O P Y Q G
Z M O C K I N G L Y C Q B L S A E
C U M H A T G L ŷ K W X B Ê V X N
A O H U H C M Ô U ŷ Ô H H U K Ô T
Ê W ŷ F R Î Z Y A X H I A V Z I L
M G T E C S U D A I R A G N Y Á Y
```

BASHFULLY DELIGHTFULLY EXCITEDLY
GENTLY MOCKINGLY PAINFULLY
QUEERLY SWEETLY USUALLY
WOEFULLY YN ANTURUS YN ARUTHROL
YN AWCHUS YN DDEWR YN DWT
YN EIRWIR YN GADARNHAOL YN GARIADUS
YN GYFLYM YN GYSGLYD YN WYLLT

Rhif 41 FY MOESEG WAITH

```
D E C I P H E R E D B Ŵ C Î G G Î
Ŵ M D X T Ŷ E Ŷ J Î Q Z Î Q Z V B
Î H N E R G T T D N Ŷ O D P X Á X
Á H Â Â Ê E E Ï G U R E Ŷ E D Î J
H U Ŷ V F C J T X F H J J L Z D T
Y G C M Ï Z T A F C Q H Ô S U Y L
S Ŵ O I S U R P A S S E D E L W E
P S M R I Û F E Î W Q Z Û F Â H Q
E I P T U L R X I W U R Ê Y D C Ŷ
A D L I I C Ŵ E Ŷ L H G K D Y R D
R Y E Ê Ŷ D H E X V Ô S T L W Y Y
H W T V D W E W G G X W Ê W D H W
E L E C X E F R Y J U C V V Y D N
A O D A S T I M U L A T E D Y Y D
D D Ŷ N Ê M N F Ï O I Â Â W W C Y
E D Û F N D I Ô I K V W K S L C W
D O N U Q Y S N S L Û A Y X L V R
D F B W A W H Â I J P W E D F N Y
H R A Y W S E G K O Y M U D Ŷ Ô H
S I O D N O D K H T G F I Ê N I I
T W M V Ï H A Ŷ U A Z W T S A E B
W G Ê T E C Ï T L E Y Ŷ Y Ô Ï K Ï
D Y W N W A L F Y C S T G D R Â M
```

ACHOSWYD	CANFUWYD	COMPLETED
CYFLAWNWYD	CYNHYRCHWYD	DECIPHERED
DROVE	ENDEAVOURED	FINISHED
GORUCHWYLIWYD	GWIRFODDOLWYD	HYRWYDDWYD
LLWYDDWYD	MINIOGWYD	REACHED
SEFYDLWYD	SIMPLIFIED	SPEARHEADED
STIMULATED	SURPASSED	TYWYSWYD

Rhif 42 ANSODDEIRIAU

```
Î N W Q R Â X Á U Z Q Ŵ T D L Î W
H Ô E Ŵ F B U D D U G O L D U P V
S U D D R Y F F Y C Û Z G I F E R
G N I G A R U O C N E B Ï A T N R
A B Û U G U N Ŵ Ŷ Y T B E L H D H
G Ŷ Î D L S I H M J M Z F E G E Y
H Ŷ A W I R N T Â A J T P G U R F
Ï O B I W F T Ô M U U Q O R O F Y
Ŵ Î Î E C D E N I A D O L I H Y G
A V D F Î A R D Y U L S D D T N U
G X A Ŷ O B E S D Z K U F Û Â O S
G Z V Î Ŷ E S Û D W E L A D Á L G
R W I L D D T O D I L O S G O N N
E U Y P H J E M E Q O D H E Û V I
S R B Ô N K D Q L D K U I J D S D
S R Ê P O L W E I O Ŷ H O V R U N
I N V J V V Î G G Z A O N Y V Á A
V Ï Ï Â H G Û D H N R T E K S S T
E C O O P E R A T I V E D X H H S
Á Ô Z B L Z L U F W D W I F K R T
Û J Ŷ Ï R Û R Â U Ô D A C Z P Î U
Ŷ Ŵ E Û W U L F L Ŵ K R Ê C H H O
Y Q O Ŵ S L L W Y D D I A N N U S
```

AGGRESSIVE	ANTURUS	BUDDUGOL
COOPERATIVE	CYFFYRDDUS	DELIGHTFUL
DENIADOL	DEWR	DI-FEDDWL
DIRGELAIDD	ENCOURAGING	HUDOLUS
LLWYDDIANNUS	OLD-FASHIONED	OUTSTANDING
PENDERFYNOL	RHYFYGUS	THOUGHTFUL
UNINTERESTED	WILD	

Rhif 43 YN Y GWELY BLODAU

```
J N B M Z R V D N K E Q Î Y Q Ŵ J
D V L R J O T Y R C H I L X Ê M M
Y H Y E H O Ê R T J Î I R Ê D S L
R Q Ê W Q Î Â U Û O L M G L N Â Q
M Ê Y O Y I L Y Ô Ŵ P Â O H Y Ŷ Û
Y K Ï L A I I Y P P O P D P D S R
N P M F P Y T W X A C Î D Y E P H
A M Y N R Ŷ O R C H I D Y T H B O
W E R U Â A S F B M A H D I R I S
Y Ô Ê S J E Î B B Á Z Ŷ Y M V Î Y
D Á O D O G U N B D Á P D Ŵ L A N
Y Î X D D W V L O L F C A R R Û Y
B A Q Ï A Y V Î H Û R B G Ê Î Ŷ M
U O U S N D Y F E C A T Y Ê Â C Y
G M T L D D Ŵ R A Z R I L O F C N
A K J L E F Î X T X E T L B E S Y
I I Î E L I F A H C Î L C N B U D
L S Ê B I D Û R E B C I H E Ŷ C D
Ê Q Â E O J I Ê R E Y I W U Î O Î
S Q X U N D Ŷ S J S N A Y V U R K
Û T U L S F L E Ŵ E Ï C N Ŷ I C Ô
J Á L B F Z C E N N I N P E D R H
Ô Y S G Â O T Ŵ S L I A N S K Ŵ P
```

BLUEBELLS CENHINEN CENNIN PEDR
CHWYN CROCUS DANDELION
EIRLYS GWYDDFID HEATHER
IRIS LILY LLYGAD Y DYDD
MYNAWYD Y BUGAIL ORCHID POPPY
RHEDYN RHOSYN Y MYNYDD SNAILS
SUNFLOWER TULIP

Rhif 44 FY NGHERRIG GWERTHFAWR

```
E O J S L R A E P S V Ŵ P S Z J A
G V U T Á L Û D Ï I X S O E Î S Ê
Û A B U L Ŷ R Ô P B Ï I H Ŵ U Û E
I U R Ê V Ŷ P E R D H U Y A S Â B
M B C N V J M Q M F U Ŷ Ô I X Z J
O Q H J E E W M O R L A S F A E N
Â Â N K R D T Î Î Á Ŵ N U S L Î G
X G Y A U Ŷ S U J C G Ê H C E P F
N G L V X J G W D Ï S V D Y C L Ï
W D O E U S T W R M A L I N S N T
Ŵ A T P N E A F R U E Î Z O A A W
E C Â Ô D K Y A R Ô F A Ê A N Ô B
E D H Q I G Ô P C L P L Y S D Ŵ Î
T Ŷ A L G Y O I U O Y M A I R B H
I Ô T J Ï V Ê Ê T Â Y N E Û I Q V
N A Z U I X L Û Û U I M K Q T Ŵ N
A Ô Â D R Î Q Ô Ê T W R V T P O S
G A R F R Q Î H R N I Ŷ U E C P F
R H Ŵ I U A U C T F C I T R I N E
O I B P B V G O F Ê Y W I N O Î Ŵ
M B M Á Y G P A I T Ê S E S L Ŷ E
A M E T H Y S T E S Ê L Á Y K Ï U
B L L O E R F A E N E S D G T U E
```

ALECSANDRIT	AMETHYST	CITRINE
DIEMWNT	EMERALD	EURFAEN
GARNED	JADE	LLOERFAEN
MORGANITE	MORLASFAEN	ONYCS
PEARLS	RUBY	SAFFIR
SIRCON	SPINEL	TANSANIT
TOPAZ	TURQUOISE	TWRMALIN

Rhif 45 FY SWYDD NESAF

```
S U B O O K S E L L E R Y Ê V T Ŵ
K L S A E M R X T U A M D E Ï S Á
S D Á H X L R S M B G Ï T I Ŷ B W
A K W X Û A I Ê X Y T E O R X H L
E Ê K O I T U J M Ô R C W D C I O
R S R Y N M C E Y I U N E R F R D
C Ŵ K E M Î R D N O A C A H P T D
O Ê D A Y W N A Û D O E Ŷ S Ŵ S Y
E C F O R Â R Ê Y R S V I R Ŵ E H
D Y R H Û Y T R A E U Á E Î Á N T
D F E C J F T T R Â I K O K Â E E
D R H Á L J O T Ï Ê R X N S G F A
Y I C Á Q R E Ê Q O D J D B O F M
G F A M D K R U W Ï B D D Z F R A
E Y E G R Z Z M Q Ŵ S E Y Á P W R
L D T A Î Y R H V D D I D I O A W
O D M V Ô A U S D L A P L Ê P H I
W C Û S F V Ŷ Y S U Á B A Â T N H
S Â D A T M G R E F M Ŵ F Â I A T
R C Â I Á I J O I N E R F Â C L I
U X Â L C Q W E M Ŷ U Â A R I G E
Î T U O O U Y U M K Ï O G G A A W
Z T I R L U N I W R B A S W N Y G
```

BOOKSELLER
DECORATOR
GLANHAWR
FFENESTRI
MARKET RESEARCH
SAER COED
SWOLEGYDD
TRYDANWR

CIGYDD
DENTIST
GWEITHIWR AMAETHYDDOL
NYRS

SAILOR
TEACHER
VETERINARY

CYFRIFYDD
FARM WORKER
JOINER

OPTICIAN

SGAFFALDYDD
TIRLUNIWR
YMGYMERWR

Rhif 46 YN Y MAES AWYR

```
Ê Ê V N D O R Ï J U W F D O E K Z
I Ô T R O L L E Y Q Á E Â Ŵ I Q N
Ï Q U R E T P X R P P T Q L E O I
Î U A N N E R Y W A B T P N R O N
Â X Û S R C K J R Z V L G P I T F
R Â M Î A N Î T K U R U A D R S O
N V X E Û Ŵ U Ê V H T D D W C H R
Y Ô M M X R G Û E R V A Y O Û U M
A N D U E P P D D E R D S S A K A
A R O S A X F Û G H D J U L C O T
D W N F N A Ê J C E Â G L W Á C I
Ï L Ŷ Î J U J W D Y I O G E Á C O
R H S Ê Á A U D N F T L Y N M I N
Û R Ŷ K V E E Z T T Y L R M T Ï H
S M W I N I G S G U I A E M H G R
Ŷ Ô Ï Ô T Q H A J Ŷ A C P Ô Ê W A
D Û Y H A O T D G Â T T K L F Á C
U E I Ï P E Û X D G F S L E A I G
Ŵ O X S P T M P W Ŷ U A S C T E R
F R H Y N G W L A D O L Û I F S E
R D D E A R R Y C I D E Y A L E D
D I O G E L W C H Î Q B B W Â D Ï
K Ŷ F N B E Î Q Ê O Ô Á Û Ŷ V V A
```

APRON	AROS	AWYRENNAU
CYRRAEDD	DELAYED	DEPARTURES
DIOGELWCH	GATE	GIFT SHOPS
INFORMATION	LAST CALL	LUGGAGE
PERYGLUS	RHEDFA	RHYNGWLADOL
TICKETS	TOLLAU	TROLLEY
TRWYDDED	UWCHRADDIO	
DEITHIO		

Rhif 47 YN Y PAPUR NEWYDD

```
Ŷ G F D D Y N F O L O C A Ŵ B K G
Ŷ Û Á K Ê B Ô B Ï Â V G M L K T O
A D W A N N E P W W S D J E P O L
A X B Á N K D S Â M J Î H B X Y Y
K Ï V F Ô X I Y D S H L Ô E M Ŷ G
S S E R P J S R W E Ê D X S I B Y
R L S Â W Ê Ô N Â D Â Û T Y Ê R D
B A X Â W C P G E W D N F B E Ï D
F D N A Ŵ C D W L L F E Î S B K O
C N E L R Î K Ï U Ŷ F O O Y Ê K L
T A A R L T A Z U M Î A Ô H T Ê I
W C L Ŵ U U I O C T Â I T Y Y N Z
I S F P N T N C D I O L B A T C R
R Ô N T M E A I L F Q I N E W S E
R M E N Ŵ Î A E A E P E R A Î Ŷ P
O T L E Q M Â A F U I V H P D Â O
T R A M C Ê L X T L I Y K N E W R
N K D M Â R E D A E L P V P T Z T
Y Â U O A M Ŷ Y W L R R Ï R O U E
D L T C R U R Ŷ D M Ŷ D B E U L R
Q Y F T Q Û M Á Ô N E E L Q Q Á Î
Z I O O Ê Ŷ N Ê Ŵ Y H T P Á Y P N
X W G P J N H D Y W D D O R D A P
```

ADRODDWYD   ARTICLE   COLOFNYDD
COMMENT   CYHOEDDWYD   FEATURE
GOLYGYDDOL   HYSBYSEB   INTERVIEW
LEADER   LLUNIAU   NEWS
PENNAWD   PRESS   QUOTED
REPORTER   SCANDAL   TABLOID
TAFLEN   TUDALEN FLAEN   YN TORRI

Rhif 48 YN Y SIOP CHWARAEON

```
W Û J Ê N Î L O P M A R T K V I D
H C T A W P O T S X W P D D O H E
N F T I D L Á P S E D C J A L N G
F K Ŷ S Z B Ŵ S A E T H A U L S S
F Ï M V F Z O B Q N T R W Z E N A
P Y E V Ŷ U Y X A Y C L C M Y O B
L Z O G Á L D Â I N B Y H G B W I
U I Ŷ Î W B R T P N D Z E J A B L
Ŵ F Ŷ T Î A A V S Î G C F Î L O E
X Q W G Ô G O Î Ê E J G H S L A P
X I L M Z C B O Û P T L L W H R Ŷ
S J E C S H E E R Ŵ R A N O Y D N
Û Ô C I W W T Û S Á Â S K Z V S P
D P R T I A A L Î Ï H O H S J E Á
Q Z O P M R K U L Y T G Y S E G S
Z C N Ê M A S Î L A Î H R K X C S
Ŷ Z S L I E Q J U R B E Á C H W I
Ô T C D N O R J M O N F N O T Ŵ Û
K J K R G N Q S H I Ô D L S B F H
N Z Y O C K Ï Y A Y G Ï H O S L G
B P R E A S J R Á G Î R Y W G F Ŷ
F J E D P N T S P R E R L Û L N Y
Ô D C I T J I W D O C T I L Á Á U
```

BAG	BAND CHWYS	BOXING GLOVES
CHWARAEON		
CIT JIWDO	CIT PÊL-DROED	CNAP
GOLF BALL	ICE SKATES	PELI BASGED
SAETHAU	SIWT WLYB	SKATEBOARD
SNORCEL	SNOWBOARD	SOCKS
STOPWATCH	SWIMMING CAP	TLWS
TRAINERS	TRAMPOLÎN	VOLLEY BALL

Rhif 49 YN DECHRAU EFO M

```
O Û Z P N M B T E A Á Ê G H E E Á
E J Ê P O F A B R E N I N T I F S
Z Â V S T J A G Î Q Ê Ï Á O Y G Û
S G A M I C R O S C O P E M C X E
K I Û T E Ŵ A C Â T Á E Ô M T K N
C N R B N I X T I O V C V A Ï L A
Ê S V F I D Y H R W A M B M R Á D
T M Z Z Ŷ X N N S Î W W J P G N
L A X Ï A Ŵ Ô X G O H Y G L J Ô U
L L S W G G O G O N E D D U S V M
W L C Ŵ A E Î Ê R K P Ê Ô D S I Ô
Y A B C M K C Z K Y Ô D M Î Û I P
B R S O R L M Z M Ï M E Ï O W V Â
R D Q R F I N Q A Ï A Û N Ŵ E C Û
L D I S S E Ê E M N B B I O R A Â
L U N D I M B Q A W J I A A D F B
A C O I B X O Y L K M W T R Z D Ŷ
E K R R K N Ô N A A E N N K P D M
T Y A F X E R W G M A E U J K E A
H C C Ŵ Ô T O Ŵ Ŵ O R R O W Y U G
O Q A F R T Ô X Y X O E M Ê U G N
G Ŵ M O T I G S O M G S M G Â M E
Ŷ R I Z Ê M Ô T J Á Ŷ A E Î M A D
```

AMGUEDDFA	BRENIN	CORSDIR
GOGONEDDUS	LLWYBR LLAETHOG	MACARONI
MAGAZINE	MAGNED	MALLARD DUCK
MAMAL	MAMMOTH	MAWRHYDI
MAYBE	MICROSCOPE	MITTEN
MONGOOSE	MOSAIC	MOSGITO
MOUNTAIN	MUNDANE	SEREN WIB

Rhif 50 AR Y FFERM

```
G M P T T G Î W V E C M A N U R E
W Z O W N W S Ê Û O E Ê W F L W K
R F U D D Ï C L Ŵ Î F T Q A C Ŷ H
T A L O X A A Ŷ Á B F H Z A Z M N
A Î T N E D R D D Z Y Q B Â Ê Ŷ V
I Ê R N K I E A J F L B Y M S L Ô
T Ô Y E Á A C U Ô Q A N K K Z C V
H T A W O F R T E G U Û Ŷ B Ô W P
Á S U Y Ê E O J E H M T P N Á G F
Y Ï O C A D W S K R A H I Ï T M B
T W S I S N I Á E E X J Û A Y L Ŵ
L M R M Y L Á F H P J Q D T Ï Â N
U Y I F W C F W B C Ŵ V R C G J V
M Á E A W S D L E I F E E O Z H Á
H O I P A Y P Ŷ F Á L F H X G I P
Q R R W M N O Ŷ H A O N Y Ŷ Ŷ V T
Y B G Z T I C A R K Ŵ Y R U Q J Ï
P Y R O T C A R T U R E I M Ê J A
Î E I I Y S G U B O R F A R M E R
D U C K L I N G S S Û T D Â J E Ŵ
J F S Y A C G B N S X C I Î D R Î
L I F Á Î X Y U S C Q Ï T B A G H
N Â H T N Y W N I L E M K Á J Â C
```

ARAD	CABBAGES	CEFFYLAU
CYWENNOD	DAIRY HERD	DEFAID
DUCKLINGS	FARMER	FIELDS
GWAS FFERM	GWRTAITH	IEIR
MANURE	MELIN WYNT	POULTRY
SCARECROW	SILWAIR	TRACTOR
TRELAR	WHEAT	YSGUBOR

Rhif 51 YN ORSAF YR HEDDLU

```
Ô Ŵ A S S A I L A N T K R C O O Â
F V J Ŷ Z N L R W D D E S O R T T
Ô U U H E Ŵ Á Q Î W Y W B J Á M Â
Ŵ U Û N Û M L T G W U R R Y R O G
M J I Ô T S Q U A D C A R J B U S
I O Ŵ O U L C L Á Ŵ Z Î J N S D A
S C O M M I S S I O N E R C Ê O F
D C D L E W F Y G L L E F A T S Y
E Ï S O Ŵ P X Z X D E D F R Y D U
M C I I Â T A O R Q C C N H F P E
E Ï F T Q H S U C Ô W O Á T J D E
A Y C S S I N Y A Ŵ Y N Z E F L G
N S R E S K O Ô T F N S Y A Ŵ M V
O N H R Z Î I Z B Â L T X Ï Y G C
U I E A I T H Ê E Á Ŵ A Û N E C X
R F O Ô N R P I F Î J B D H H E X
G F C Ï S O R U H Z W L H C Z L L
X E V X P F F F Ô O J E Ï E F L S
Ŷ R D D E S Y B N O I L O M P G M
L D Z Î C M Q Ŵ S F F U C D N A H
B O A V T O H U P D Ŵ I M C S D Ï
D G D K O J K W M Y M Ê Û P D W Ê
L B Û M R I Y H Ŷ R Q Ê R E K Y F
```

ARESTIO	ASSAILANT	CELL GADW
COMMISSIONER	CONSTABLE	CWYN
DALFA	DEDFRYDU	DRUNK
GORYRRU	HANDCUFFS	INSPECTOR
LAWYER	MECHNÏAETH	MISDEMEANOUR
OLION BYSEDD	SNIFFER DOG	SQUAD CAR
TROSEDDWR	TYST	YSTAFELL GYFWELD

Rhif 52 ANSODDEIRIAU ETO

```
O V Z M Y B U G N V R E S Y T Ŷ D
D Î T C F Û Z O W H S Â Â P Á P Î
S U O I C A V I V L U M M U H R Ô
G N I L K R A P S C O J N J T Y N
E Q A O C B Û Ŵ A Y R I K G X D S
T D E S S E R P E D O W D I M E R
G J C I O Ï K L Z B M V V Y D C R R
X I W L E E R Î N N A F L D I U E
U Ê S Ï Ŵ W A O L F L N L I R S P
Â H Ê Y N D X D X C G D Y N B O U
Ï Q F Z W I Â Q X Î V Ŷ G N C Y L
C T U X O P U Á Ŵ S S M A A E Â S
F X S U L G Y R E P T S T W C R I
C Á S A Ŵ R Ï T F R U Ŷ L H Á Û V
O C J Î M P M F Z O A O A Ŷ H T E
N I W T V D Ô H I G N N S L C N Ê
D T Î Z C D R R Y W D A R O T A J
E E L Z Y L A U D K Y R E N Ô R U
M G S Q Z L Ï D D V B O C A B E Y
N R Ŵ Ŵ I Ê O D Á H Û Ŷ X H C B P
E E Ô H B F S R Û I Ŵ C A A Ŷ U L
D N Î T Ŷ C Ï A B I U N H W O X Ï
N E H Â Q C I H S P Ŵ F Ŷ G V E Z
```

ANNIDDIG	CONDEMNED	CRWYDROL
DEPRESSED	DIOLWG	DRUD
ENERGETIC	EXUBERANT	GLAMOROUS
GWAHANOL	HARDD	HILARIOUS
LLYGATLAS	OBNOXIOUS	PERYGLUS
PRYDERUS	PWYSIG	REPULSIVE
SPARKLING	TORADWY	VIVACIOUS

Rhif 53 YN Y SIOP NWYDDAU

```
G H G Î J Ê Á T L D T X Ŵ E E Ï X
P Y B P Q K O O H L L I B Z O S S
I Ô T Ŷ Ô U Î H Y X V D Ŷ Á H I O
Ŷ K X R Á U K G M U B D R S C Â Û
D Ŷ I L O N A C H S N W P K G U L
X Z K Ô U W N F Â W Á H L O Ŵ Z W
Q G V P A V E E X O Ô E E J L B Ŷ
S Ŷ V Ô I Ô Á L Ê L A C K Z O W J
V N U G F O T L B L W Û F K Ê Y W
Z L V U I Â K C Ŵ E Ŵ K M Z U E Î
B H L L E S I H C B X Ŵ M S U L Z
L V A J L N Á G R M I U Â Û R L Y
L Q W U L I R A Â G L C D A R B K
P Ï R M E Á T W C A M D H W Î O Ï
B W U P W N P H S Î Ŷ E Q N X X O
J Û P A G B T G B I Ŵ B X Á J M H
I G A E Ê X L K A Ŵ S E N Â G F Q
H M P N Ê J Á E L W J A W E S Ŵ W
Ï Ï N T X S Z I L C J L P Ŷ R A P
W Ô X K Ŵ Ô B Y I I I M V T H L R
W U V Y K L S C R E W S Ï R O S E
C L I P P E R S D S P A N N E R N
B Y U U W U Ï W T G O R D D H R K
```

BELLOWS   BILLHOOK   BWYELL
CHISEL   CLIPPERS   DRILL
GORDD   GWELLEIFIAU HOE
PAENT   PAPUR WAL   PREN
PWNSH CANOLI RHAW   SCREWS
SICKLE   SISWRN   SPANNER
TROWEL

Rhif 54 YN YSGOL

```
V Á A T J C H Ô Ŷ C R I X Û L Î Û
G Â V U S X R J W M Z A Ŵ L Y X A
D W J Û T W W Ŷ L X F P L I S Ï S
N R A S N X X Ŷ R P Q A G Ŵ G Y T
U W H I A Ŵ Y S M F H Á D C R A U
O I T Û T P A A Û U V A L O I T D
R R E F S H C A P D U A T Á F I I
G Y A Ŷ I Q C Â C S S C X P E N A
Y F N Î S Â Ê A X S E M X Ê N B E
A Y A G S B R Â R F W O Q K Y Ê T
L M S Î A Ŷ Î O E T I C L Ê D P H
P K A V Z L O R D I R Ê Y T D Û D
F C W G R M L N L I Ï E Z T E V D
B C G N N D C E I Z R Ï F T S Ê I
Ŷ S G M Ô Ê D K G S N O S S E L S
S A M U L U C I R R U C C T A Î T
C C S A X Á T D W E F Á Ô N R S A
D A Ï Ê K Â R W I C N Y D Z Q W W
E R E H C A E T D A E H L B Ŷ P Q
S F C P U Ŵ V D R Q B C Â L U M Ô
G Z V W L M E I T H R I N L Ê A Y
Â Û I Â X W M O O R F F A T S C Z
G Û K R Q E U Î Î X L F E F M Â Ô
```

ASSISTANTS   ASTUDIAETH DDISTAW   CAMPFA

CAMPWS   CLASSROOM   CORIDOR
CURRICULUM   DESG   FRACAS
GWAITH CARTREF GWASANAETH   HALL
HEAD TEACHER   LESSONS   LLYFRGELL
MEITHRIN   MYFYRIWR   PLAYGROUND
REFECTORY   STAFFROOM   YSGRIFENYDDES

Rhif 55 YN Y FYDDIN

```
U D T B A R M O U R E R G U T H ŷ
H T S I Y R T N A F N I U B D K I
K E O Y Ï X Y V Ï B X A H T F I U
Ŵ C Y R E L L I T R A V Ŵ W Ŵ S J
H H V T R X Î W Î R Û H X E I G Á
I N ŷ J C I C A D L Y W Y D D A R
S E W ŷ V Ô N X Ô K S T R M Q P W
M G C O L O N E L C Ŵ T R O O T R
ŷ Y A S H S B F Ô C G ŷ Û R E E O
C D Y S ŷ Z E N E T P A C L N N M
L D R E Ê W I U S Ï Ŵ K ŷ Y Q E Z
L R O N K B I B R D S T Ô W D Û Ŵ
Y A F T ŷ G Â Ŵ O W Î V Û I L W S
N D N I V E D M B Q G Ï C W I D U
G A A F M N R Á S Î Ï E C R R Â R
E R D C T E A B E N W B N A Ô E H
S X G I Á R H A R L L M U H P H Ŵ
Y B N S I A ŷ T V C E G Ŵ I C P A
D A O A Ê L R L E T L Z N R E E Â
D R L B M G P N R A S S Á I G B T
G A L L O Ê C T Y D N Q L Á L Â T
E C V Û O M N O ŷ C C O Ê Ŵ Z I Ê
Û S V C I B R W Z P T H D F X E G
```

ARMOURER
BASIC FITNESS
COLONEL
IS-GAPTEN
MEDIC
OBSERVER
SNIPER

ARTILLERY
CADLYWYDD
GENERAL
LLONG DANFOR
MORLYWIWR
PEILOT
TECHNEGWR

BARACS
CAPTEN
INFANTRY
LLYNGESYDD
MORWR
ROYAL GUARDS
TECHNEGYDD
RADAR

Rhif 56 YN SWYDDFA'R POST

```
O Â Ŷ Â Á F Ŷ A S L S M X P X F C
F T Î Ŵ Z J E I I C L E R K O L I
A R I A N T R A M O R P Q S O S K
I W M T P Á M S Q X W F F R Ê T T
S R E C O R D E D D E L I V E R Y
F T S A I A G H K Ô Ô A K K R Q V
F D Á A A W U C C T N W H C Û C S
U Ê Q E A S N K M B Á W P U E U F
R O Ï Ŵ A A G G W G S H A Â Ŵ Ê Â
F G F S A Y X Y A D K F X G Ô Ê Ŷ
L O I Û J P S B Ï V F B F L Á F L
E Ŵ N D A O L A R I A N P A R O D
N E S R E I J L R I D E G L U Ŵ L
D T C T A R K A M Î L Ê L X O W Ŵ
O E N M A D T Z Q S G O E D E Ŵ Ï
L S H A F M B S E V Á Ô T M F V V
L S W U I Û P P E Ô J P T Ŵ E A R
A T P Y Ï D O I K R P Q E Ï V Ŷ L
U T J S O L U G A Ê F Ï R Á P X I
J Z S L E S R L I U D O S Á V P G
T Á E V U Z S E C O N D C L A S S
P Ê N Ï C A Ŵ Y I Ï Y Â R F Ŷ L Ô
V E F A T N Y C H T R A B S O D Û
```

AIRMAIL ARIAN PAROD ARIAN TRAMOR
CLERK CLORIAN BWYSO CLUDIANT
COFRESTREDIG DOSBARTH CYNTAF ENVELOPES
FFURFLEN DOLLAU LETTERS MAILBAG
PARCEL POST RECORDED DELIVERY
SECOND CLASS STAMPIAU TARIFF

Rhif 57 YN Y TÂN

```
Â M I Z I K Ŷ Ê U A E B K Z C L U
C G Ŷ Î Ï M Y K L S Ô L Ô I Û I O
W P Ï Z K Q A G D Ŷ X W J N G U Ï
A T U Á P Q U H A R I S N E U U Î
T P Â L Ŵ S E W N A G I R H K O Ô
E E D L K U P Ŷ A U F D T Ô Z K D
R E L O C Z S L M F A E I F S P Î
R T A S Î Î R Q L I A I Z E P I Ï
Ï Û E G M H Ŷ A R L U S C R R B B
J R N I N R M T O O F A Ê O I E Y
Ê S O B Z A A E Ï S Î R Â C N L C
M Ê I W U N H X D Ï N T N I K L N
M Û S R K R D T D Ê K Á D O L A E
F C O I W C I I Y U H S U U E U G
P Á L A Ï E F N M A T S I S R U R
A X P D Î R F G Y Ŷ W P D Q S Ï E
T V X O Q U O U L A S H E S E F M
Q N E L S C D I F Á D Ŷ Ŵ V Y C E
H Y U Ŷ Ŵ G D S Y Ê G E Y S J Ï N
J D A I L I W H C M Y X I S Ï F Î
M C Ŵ Â T T R E T Ŵ L V R F A V R
Ê Î Ŵ H Ŷ C H R Z W N Ï Á W I Ŷ Ŷ
S D R A Z A H S R K Y R Ŵ Q Ŵ O Â
```

AIR TANK ANADLU ASHES
CYFLYMYDD DEIFIO DIFFODDWR
EMERGENCY EXPLOSION EXTINGUISHERS
FEROCIOUS FFLAMAU HAZARDS
LLOSGI MATSIS PIBELLAU
BWRIADOL
RESCUE RHEOLAETH SPRINKLERS
TRASIEDI WATER YMCHWILIAD

Rhif 58 YN Y GÊM

```
T Â L O Ŵ Î C P Û B Ŷ Q Ô U A Ŵ Û
D S Á H W C Q E D L L U M A N W R
D M I A C Y Z P R A Û J C A I S Ô
Y R E L D F L Ï R D I K Ŵ R W G M
F H O F L S C O R E Y N N R Ô K P
F Û D T V A Û Â Y U Y N R L A R Ŷ
A H Y I I V D H Á T A Û C I C H L
R Ô F M S T V E G V L R R O E H Ŷ
G O A E Z K E Ŵ M W N A O Á C B V
O U R U Ô H S P U U Y Â N L Ŷ H B
T B N T Y T Î Ŷ M E Z L A E I Ï B
O I W Ô E Ŷ N Ŵ Û O D O I F P A Î
F G R W Ï T V Â R Z C I L W N T N
F F A Ê X M N L K Ê Ê O S Z R Y Â
Ŷ R F L C D B E P U O G I F C F P
D B Ï V Ï Z O R M D T Ŷ P O F O M
Q S I W G P O P L E F I T Ô Ŷ O A
N V Ê Á X G I I P R G S J Ô F Û Á
O Z Ŵ H R G G D D X I D Z O D G T
B L Á A Ŷ H Ï P C R H K U Ŷ L Ô P
Q F M Y T Ŷ F T P Ô Û W I J C L R
U M J S N E W Y D D I A D U R W R
E T Â M Ŷ U T L E F N Î Î W Z A I
```

AIL ORAU	BEIRNIAD	CAIS
CERDYN COCH	COMPETITOR	DYFARNWR
FFOTOGRAFFYDD	FLOODLIGHTS	GÔL
GWYLIWR	HALF-TIME	JUDGEMENT
LLUMANWR	MEDALLIST	NEWYDDIADURWR
OFFSIDE	PENALTY	PRIS TOCYN
PROGRAMME	SCORE	STEWARD

Rhif 59 YN Y SIOP ANIFEILIAID ANWES

```
S D Z S T I U C S I B F L S N X B
L J S R K Ŵ C B N D I U Ï C A Â Î
E Â X G R Ô O G Û S A D T Ŵ F F T
N U D P I Q L P H Û Ŷ E Ŵ Ŷ D G Y
N F M O Ô P L D Z Û Ŵ M L V D V A
E E D Â Â V A J O F D Ô Ô N U Ô N
K Â E C Y M R E I O E R R Á C Ŵ I
Z D O I A U D B N Î F A M I S Ŵ F
N B R N C T S Î E I S D T W A Ŷ E
Û C D N P W H I C F U Ê N G Ŵ P I
Z Y N E S E T O Ï B H G F O V S L
T C I L Ô T N S D P O A D Y P Ï I
I Î L W L R S F H B F C Ŵ Ŷ T Ŵ A
Y I E O M Y V O F C A Î H K U S I
G S M P L Z G Î P R W C Y D G Á D
G M X Ê Û C S O I H W N H Ô E Ê N
O V I T U Ô Á K D Î C Y I P Z W W
K Ŵ Ŵ Q Â Â F Á D E J T N N Â Ŵ N
I Ŵ Ô S Ŷ Û Û J G O N P A D G J Ï
C Á Û H Ô Ŵ Ô E Ŷ Û Q Ŷ J R F E Z
V N R W G S A Q H N G Ï Ŷ I C V N
T Ŷ V V V R C A G E Ŷ V Ŵ F X S M
V A Z C Ô T Ï S S E N R A H S F K
```

ASGWRN	BISCUITS	BOCHDEW
CAGE	CATHOD BACH	COLLARDS
CUDDFAN	CWTSH	FISH
	CWNINGEN	
GUINEA PIGS	HARNESS	KENNELS
LEADS	LLYGODEN	MELIN DROED
PENFFRWYN	POND FOOD	POWLENNI
SARN	SCRATCH POSTS	TY ANIFEILIAID

Rhif 60 YN Y GAMPFA

```
F F R O C Y S À M I A G E N Y M E
Ï G N F Y S T W Y T H D E R G R L
A Ê O K H S I J C B L D Â K P B S
D C Á B Ï C A W L C Y H Y R A U E
Ô I T Ŵ Ê O K J A F Ê Z W M Ŵ N Ô
K F F I Â C C Û Q D E N N C I Î N
D J O A V N R W M Ŵ I P Ï H Y P H
L A B R E E E O H I Q D C Y N C S
C S G O U J R Z Z B Y A D J H L S
D R Ŵ T Y I W E I T M X A W E T D
L A Ŵ C W Q X E C G C E Y D H Â I
S L M U E K Î D N O L S B G R E C
P U E R Á Ï E I Z O V W I U Á Á A
I C X T W J W Ï D L Y E L N S V C
N S E S S O T A Z S W X R O K D I
N A R N R A E M A T I A U Y O U T
I V C I W T V U D Û Ŵ Ï K Â Á C C
N O I N H B Ô E Î Î W E Û Ê R I A
G I S D C G H C U A Y G W Á Â D L
Î D E V H C J Ê R M X T F Â Û G L
O R Ŵ M L K F M P O T E L D D Ŵ R
Ô A Q Y J B U P E L B U L K I N G
U C C U Ô P G E D E H R W T T Û K
```

ACTIVE RECOVERY
AELODAETH
ASTELL
BULKING
CARDIOVASCULAR
CHWYS
CYHYRAU
CYLCHED
EXERCISE
INSTRUCTOR
LACTIC ACID
MATIAU
MYNEGAI MÀS Y CORFF
POTEL DDŴR
RHEDEG
ROWING MACHINE
SLED BWYSAU
SPINNING
WARM UP
WEIGHTS
YSTWYTHDER

Rhif 61 AR AC YN Y CAR

```
J L V M U E X H A U S T P I P E Á
U C B Q A F F E N E S T F L A E N
D B W Y H E K J H Î A U S Î R I F
T O Ï Û C C V C D N O Q A L E R E
U N F W Y Á Ê D I Ï L D Z Ŷ N T C
Q N E A R U C W U T T H C T O S G
S E N M D S R E G S S S T X I E W
U T Ô Y T N Ŵ S C L Ô P Ô A T N L
E R O O F R A C K J Ŵ A I G I E O
L K T S M X A I D L Ï R P D D F G
E C T H Y Ï Â P Î O N E W M N F H
S T D N G Q Ï P M N G W D J O O C
I Ŷ C R Â I N R C O V H Â Ê C G Y
D Ŷ T A Á V L Ê M Ô C E W Á R E R
D D Y G O S E R W G I E K K I Â D
N U C A Î X R W O M Y L V T A Y Á
A Z N Q Ï Y Â U E I Ê Ŵ O O A N P
J X Ï U W B Y S L C R H U R L A B
N Q Ô A D Ê U E X N A E T C C G Y
I I G F W R Û V Ŷ U Û H T B Ê Ê I
O A B Ï Y E A N L D S T U N K Â S
B R U D Q U A B Ê A Z H Á Î I Z Ï
Î F D R A A T T S Z N Ï Ï Ê Ŵ Ô C
```

AIR CONDITIONER
ASHTRAY
BAG AWYR
BONNET
DIP STICK
DRYCH GOLWG CEFN
DRYCHAU
EXHAUST PIPE
FFENEST FLAEN
FFENESTRI
GLOVE COMPARTMENT
GWRESOGYDD
HUBCAP
INJAN DDISEL
INTERIOR LIGHT
MESURYDD
ROOF RACK
SBARDUN
SPARE WHEEL
TANIWR
TO HAUL

Rhif 62 YN Y LLYS

```
O Ê F H D C T S Y T Ê Ŵ W O D P L
B H E A P I Â L L K Û R D C D Á H
J H D B Z L V A H V X Î A Y Y P A
E L U K N B Ê P Û E O Ô I F F Ï Y
C L D Î E O Q Ŷ A Ê Â Z D R F Á T
T F A I P Û I A Û C E H D A A I O
I U I W A B N T W O A Ï U I R M H
O T N S C G Â Ŵ A C H Ŵ H T G U F
N K Y O S O Y P V R Y N Y H O R W
Î M F G E J U Q Z M T Î C Ŵ N I S
Z O F U Ŵ Q Ô R H S O I G J E O X
W K I H Y W J O T B H Y B T T Y B
D Á D J R S L Â N S D D N R S S K
S Ô D Z L I K F J U U E K Ï A X S
Ŷ T M Ê A D P Y P E M C B R D O A
U F A D L N W R B N T Î Y Y D X V
O W D T V A I Ŵ O Ŵ Y Ŵ W H L C T
E A H Ŷ E D I S Ê M K Ô J I F H Ŷ
B R W Ô W M I C L R O N O I G F G
U P W E Á R E A I Y A T T E M P T
A M R J P I D N V D O I L Ï T Ô C
Î T R M T D V J T Ŵ U Î D L J Q O
H X I W A R D E N Î N J H M W X C
```

AMDDIFFYNIAD	ARBITRATION	ATTEMPT
CYFRAITH	CYHUDDIAD	DADL
ESCAPE	IMPRISONMENT	JUDICIAL
LAW COURTS	LLW	OBJECTION
PRAWF	PRIDWERTH	RAID
STATEMENT	STENOGRAFFYDD	TYST
WARDEN	YMHOLIAD	YMLADD

Rhif 63 YN Y GERDDORFA

```
S G W E A F Y J D Ŷ Y D Ô D Ê I J
L Â Û Ŵ Ê L Î Á Ê F X C F N P V D
I L N Q T Y G Ô H I C L F Z D N D
D M Z F I H G T S R H A L W Q R O
I P O Z Q Q W S A S Z R I Û V O U
F S Â H Y R A M B T W I W Û Q H B
F Z G Ŵ G S D B M V U N T Â L H L
U J B D Û B D Ŵ W I N É Y O Ŷ C E
A W D H K Ŷ Y Â R O Ŷ T D S Z N B
M O C X K Û D U D L H N D Ŷ R E A
S J K B T Î W D N I W D O O W R S
B T Y S Y H A R P N U Ŵ Á R I F S
C W R P L G N O Z I X Û F W G T B
K O Ï U U C U W Ï S P B Y H Á A Â
Ï Ŵ N X M Ï Y F C T P H G E S Î N
Î X X D P P F C G N G P R S V L N
U Z T X U A E C D N R P O S C Û Ï
Z U A E N C Î T A E V O D Q J U I
N Ô Î F Á S T N S Ê N M D Ê I Ŵ H
V Ŵ F V A A Y O Ï T Ï L R F S G S
I E S Û Á D T Ï R S E L E Ŵ V Û Ô
R C Ê T O Ï K S Ï G Y L C Î R W Ŵ
D D Y N I E W R A R Y N O T A B L
```

BASSOON	BATON YR ARWEINYDD	CERDDOR
CLARINÉT	CONDUCTOR	DOUBLE BASS
DRWM BAS	FFANFFER	FFIDIL
FFLIWTYDD	FIRST VIOLINIST	FRENCH HORN
HARP	NODYN ANGHYWIR	ORGAN
PRES	SODDGRWTH	SOFTLY
TRUMPET	UNAWDYDD	WOODWIND

Rhif 64 ES I SIOPA

```
Á G R S X B Î Ŵ H G Â P Û Á V Y O
T Ô D G Ŵ P C U D O L D H Ê B Ý Z
J O R W B U T X D Û Q B E C W S N
Á Ŵ E E V N Y W X E W A L E D N D
X F T R R M Ŷ Î R R Ô L K R F Y S
D X N T W Ï S Î E U S Â J Ŵ M S R
A D U H P Ŷ I V G T X K J L T P E
R D O W O W O D N I W P O H S M N
D Y C Y I N P N O N Ê Î Z Y T R A
A W K R S I E Q M R I A N R E J E
N E P T E S L T H U Û A A G U U L
H N N A C O U L S F Ô V A Ê S W C
C R Q I U L S Q I W E N J Â A Ŵ Y
R U Ê Ï M P E T F L A R L L J E R
A P N J Ê O N Î A M D N L K U B D
M A Û H Ŷ I N G E I W I X Y T Ï Á
B B R K E S E R S Ŷ A O V S M D S
H P Á N Â N O G Z P X Ï Y I Ô G N
S O Û U T T O B O O K S H O P C V
E I Ŷ D S W Y I H H X J F Ï Ô R N
J S Î T N F S Ŵ T P I E C E R Y T
Û C H T B Ê Ô M G Â M H U R Â D H
Q I Á C Z J C Y V N Î D Û Y Ï D Â
```

BECWS	BOOKSHOP	COUNTER
CRYDD	DISGOWNT	DRY-CLEANER'S
FISHMONGER	FURNITURE	GWERTHWYR TAI
MARCHNAD RAD	RECEIPT	SHOP WINDOW
SIOP AIL-LAW	SIOP BAPUR NEWYDD	SIOP ELUSEN
SIOP LOSIN	SIOPWR	STORE MANAGER
TRAVEL AGENT	WALED	

Rhif 65 AR EICH BEIC

ADAIN
BRAKE
CLOCH
CROSSBAR
CYCLIST
CYFRWY
DRINGO
GOLAU BLAEN
HANDLEBARS
HELMED
HUB
LLWYBR BEICIO
MOUNTAIN BIKE
OLWYN
PEDAL
PUMP
RAC BAGIAU
REFLECTOR
SADDLEBAG
TWLL
TYRE

Rhif 66 YN YR ORSAF REILFFORDD

```
D I I Ŷ J W Á M H X K M A Â W I E
N H T E A D O B Y W G S E D Ŷ C C
R O T A V E L E X Û H N O H Ï G I
C L C Ŵ U O Y K G F U Ŵ Â I F O F
E O N Y M A D A W I A D A U K O F
C D I F X G Ŵ Ô M U Q Q Ï E O D O
I U A Ô Â S B Ô Ŷ A J Ŵ X B Á S T
V M R Î E I Ŷ K K P H N C Î S W E
R Y T H I N I O Y D L J G U S A K
E S S F D G W O L Ŷ A A Y P T G C
S U S L D L Î A P Ŷ D S T E O O I
L A E Q O E S Y V E T A F F Ï N T
A I R D C F I I L A V F C Ŵ Ô Î X
C S P X O A Ŵ A F I U L Ô Ŵ N R I
O I X P L R Y E Û B J E C Ŵ G O M
L R E Q L E L B Â X Û T G J V H Ŷ
Û G F Á D L D R W M D A G C G T J
A Ê Û C A Î Ï M M S D C B Î Û R M
Á I L R E V Z I U I Z S V B V O Ŷ
Î C O U Û R L Á K X G I M B M P A
J S W Ô Q J B Û Ŵ N A S Z G P S V
C L U D O N W Y D D A U K Û C M M
D D E A R R Y C D Ï Ï F C E D P P
```

BUFFET CERBYD CLUDO NWYDDAU

CYRRAEDD DELAYED DESG WYBODAETH

EIDDO COLL ELEVATOR EXPRESS TRAIN
GOODS WAGON GRISIAU SYMUDOL KIOSK

LOCAL SERVICE PLATFORM PORTHOR
SAFLE TACSIS SINGLE FARE TICKET OFFICE
YMADAWIADAU YSTAFELL AROS

Rhif 67 YN Y GWESTY

```
Ê Ê P E Ŷ U Û T S A F K A E R B G
N A I L L B Î Q Á L T M F Ï E E Ŵ
T Ï Ï R V Î U E T Z S X Ŷ D T D W
J Ô S G D D Z Y Q R Y Ô A Ê I I J
U Â Ŵ Q V Q U B I S Ŵ L T D A A T
J X Á F Ŷ G Ô A A W L W O A W M D
Ŵ Â P S U O T F Q I H G P R D R O
J H T E Û S E E D M F W F L A E L
H G S K J Û Á S V M T E L R E B E
L T H J Y L Ê M W I Á I O R H M A
R A R J Ô C N Ŷ P N X N O H Ê A W
K D D Á Ŵ L C Û R G X Y R E Ï H G
Ŵ Ï A N Ô H C R I P Q D Â O Ê C R
N Q Y I E Y C J Y O L D G L Q D W
G U Ŷ C D A Y W S O Ŵ G Ŵ W Q Á A
F T T Î Q E L S R L F W I R Â A L
X D B S Ï B N B T A X I A Y R C L
Î X Á M Q Ô I Y E A G N Ŷ U Ô T C
Z N S Y Ŷ D Á Y M Y F Y O L Y Ê P
Q U Î F K S Û J Ê D V E T Û I Ï Ŷ
T R O B S A P A E X O C L E Û F R
D E B E L B U O D Á Á C T L L U T
T S I N O I T P E C E R S K D L G
```

BLAENDAL
CHAMBERMAID
GUEST

LIFT

LLIAN
RHEOLWR

TOP FLOOR

BREAKFAST
COD MYNEDIAD
GWEINYDD GWIN

LLAWR GWAELOD

PASBORT
STAIRS

YSTAFELL

CÊS DILLAD
DOUBLE BED
HEAD WAITER

LLETYGARWCH

RECEPTIONIST
SWIMMING POOL

Rhif 68 CELFI A DODREFN

```
D R E S S I N G T A B L E B Û S T
Û Ŵ X E P J N Ô D F Î O X Y Ô T R
J L Á W Q Z Ï D A R L U N Â N O K
A E E Ŷ L F Ô J R F Û I Â Ŵ T O C
D D R W P W C Y B L I F L E C L L
B D U V S K C R Ô R J Ê T V Ŷ O E
D L N B Ï S F B Z B R H X Q Î S P
R R W A N E S I L F F O Ŷ B A O C
A I F R T D W Q E G I C X C E F I
O A D V X S R W U G A E K I Ê F S
B D Y K J S T G Ô R J O V Ô C A T
E A W W P Á Ŷ A P Ô O T J J O F D
D C B V H G S E H B Z B J B Z K D
I B D V Z Ï T A K M A D Á P P Ŷ R
S I D O E L B A T E E F F O C Î O
Ê H R Y D W Î P H S M N H D S M R
X M W C B R A Ô E J B L L C Ï H I
D G B V K H E R C X N Ô T S F M A
T O T D R Ï U F D A D A Î L Û Ŷ U
Ŷ T J P M T X T N R S Z Ŵ T B R P
N M G R C H Ê F V Î O Ï U J Ô Q F
B S Î I L Â W Â A Z Ŷ B L G Q O J
E A P Ŷ L M T J R K L Á E Ŵ Ŵ J Á
```

BOOKCASE	BWRDD BWYD	CADAIR
CARPET	CELFI	CIST DDRORIAU
COFFEE TABLE	CWPWRDD	DARLUN
DESK	DODREFN	DRESSING TABLE
HAT STAND	PICTURES	SIDEBOARD
SILFF	SOFFA	STOOL
WARDROBE		

Rhif 69 OFFER A CHYFARPAR

```
N A W I H C L O G T N A I R I E P
F R X F K O K H Ŷ Î V K Q E K Û Ŷ
W A Û Ŷ Ŵ Ï Q L Ŷ Î K B B Z O I W
D B H B J Û L H R O H Ï I E X Y B
R T C H A R G E R R E I J E Ô M R
W N I H L N P E X Z W R R R H S W
Ï A P J K O M R Q U Á I G F B Z S
R I K K E M R E J D H V T E S G H
F R X B T T Z N G F C Û D S L F D
F I V A T S R O I Û W L W F O L A
F E I A L U Â D D A L F F Ô N T N
Ŵ P R R E N R O X A L Ô Y Ŷ Â R N
T J E D O L A R W M R A D I O E E
C Y Y I K N T C R Ŵ W T D R T K D
Ô Ô R S Ï U E I E J N J D E Ô A D
J V D H I Ŷ L M K Q G F Y Y J M T
Ŷ X E W G E E Y O Î U A G R G E R
I M L A C J V T O B S G O D D E Y
M S B S Î Q I P C Q V U S R Ŵ F D
J Q M H Ŷ I S O W A S Á E I H F A
W Î U E Î E I P O Û Ŷ Û R A J O N
O V T R I Û O Ê L R E D W H Y C Û
Ï Â Z Ï Ê P N Ŵ S Ô Z C G I R G V
```

BRWSH DANNEDD	CHARGER	COFFEE MAKER
TRYDAN		
DISHWASHER	FFÔN	FFRÏWR DWFN
FREEZER	GWRESOGYDD	HAIR DRYER
IRON	KETTLE	LARWM RADIO
OERGELL	PEIRIANT BARA	PEIRIANT GOLCHI
POPTY MICRODON	SLOW COOKER	SUGNWR LLWCH
TELEVISION	TOSTIWR	TUMBLE-DRYER

Rhif 70 CWRDD A CHYFARCH

| P L E A S E D T O M E E T Y O U U |
| S Ê X N Q B Q Â T N Ŵ H A C V T O |
| J L Y W H L C Î W D X V Y F A V Y |
| G Ŷ H G M U D A G B Ŵ P E I T B E |
| Ŷ Ï R Î N R I Ï F Á I J T H U A R |
| S B E S T W I S H E S H G D S R A |
| Y Û T Û Ê Ŷ G Ê Ŵ Û D I L Ï U A W |
| A F A D A Ï D O Á D N C L Y P R O |
| D W L O K H H Q I D H B O R A L H |
| H I U W H E L O O E Ŵ E N O H A Ŷ |
| T Q O D H Z G O E K Z N G F G E N |
| R Y Y Y L E G R Q S K D Y Y S M E |
| I A E Ê L Ŷ S I O N C I F I A R W |
| B H E Ê E R S T T Ô O T A H P U A |
| Y P S Y X F V X D X F H R C B O L |
| P E Ŷ Y W O Q Â J Â I A C I C Y L |
| P Ï R I H E Ŷ I Y Q O R H A R Y G |
| A O Î A I W N W Û V N N I L O O I |
| H U Î Î C I T Y Î F G A A E E J L |
| O Ô Y L S E Ŷ Ê P P O T D W S N O |
| W B P Ŷ Z U K B G P R H A G O E D |
| D J Ê Â E U J A A Â A S U Û K Á A |
| D U C G S R V Û T T U H A T H N N |

BENDITH ARNAT	BEST WISHES	CHEERS
COFION GORAU	CROESO	ENJOY YOUR MEAL
GOOD NIGHT	HAPPY BIRTHDAY	HAPPY NEW YEAR
HELO	HOW ARE YOU	HWYL
IAWN	LLONGYFARCHIADAU	NADOLIG LLAWEN
PASG HAPUS	PLEASED TO MEET YOU	SEE YOU LATER
TAITH DDIOGEL	TAKE CARE	WELA I CHI YFORY

Rhif 71 ESGUSODA FI?

```
R N E B I D D A P Á Ê H Â Y Â I S
Y F H I D O N T M I N D O X G W S
D K C F F O R A E L C R Î X E U E
W W A Ŵ I Á Ô R V Ŵ D Ô E Á Z Ŵ N
I U B Z Ŷ M Ŵ S W N A L I U C U I
W A H B N I A Û E T Y M Û P S P S
E F T Û X D Ŵ H I S S L N A G L U
D R E B R D Á P S O K O O I J E B
I E P Y X S Á N R M E N T D Û H N
C N Y T N R I R Î U M T O Â Ï H W
A Y U H L W Y L K C E H N P W C O
E F Ô E B G T S W H S E Y H E I R
L R Y W W H R Ê Z T U C O O L A U
L A W A G T A X Î H C O U E L L O
L D D Y O R F Z S E X N R N H L Y
O N A T M W F W K B E T L I O A D
N Y N B I Á E Z Â E V R I V N A N
D M F P D F R T B T S A F L E R I
B N O G D K T G G T F R E B S T M
O E M Á P I H J Â E V Y X I T L R
L A A O P Z U N K R R H Î H L E O
T M H X K F Q Â A K S R O S Y Ô S
A Û E T Û Ŵ I O B W H P Î X J S S
```

A ALLA I'CH HELPU
CLEAR OFF
HEN DRO
MAE'N MYND AR FY NERFAU
ON THE CONTRARY
RYDW I WEDI CAEL LLOND BOL
WELL HONESTLY

AM OFNADWY
DDIM O GWBL
I DON'T MIND
MIND YOUR OWN BUSINESS
PA DDIBEN
SO MUCH THE BETTER
WRTH GWRS DDIM

BY THE WAY
EXCUSE ME
I'M SORRY
NOT ON YOUR LIFE
PAID Â PHOENI
TRAFFERTHU
Y PETH BACH

Rhif 72 YN Y PWLL NOFIO

```
N U Ê N B D Î A Â X T A O Ï Ŷ G L
Q B U A E Ô E Û Z Á Ŵ H D D I L P
K L S Á P I V L Ô T Ŷ B R O P I P
D K T R E A D I N G W A T E R T Û
Y T G Ŷ Q X Ï I I H H R H Ê D T X
W A L A G N U Û O Î F D A U Ŵ L M
Y Î Q P L Y M I O D W F N L N E G
B K P E N B A S W J E I Á V Ô P M
R Á N O F I O A R Y C E F N Ô O J
W D D Y H R O I M Y L P P Á Ê O W
B R E A S T S T R O K E P E X L C
U D E C O M P R E S S I O N N Ï H
H H N B B B Ŵ T S Û E G Û Ŵ R D W
C H G V Ê U U Û Á S H N E V Û L A
A A N Z U B U M O Á Û I H U Ŷ M R
O E A N C L X P Û P K H B U V D A
E O Â R K V Á R J Á R T S M J J E
G H Q W K C C Î C Ŵ V A A Ŵ O O O
N O F I O Y N E I C H B L A E N N
A V O M J Î H L Î G P J N Î S F D
H Á H Y M Ŵ Ï S H O W E R S S Â Ŵ
C Y X L F R E E S T Y L E Ï F G R
O Á I P C Â U R C E L D D A P X J
```

ACHUBWR BYWYD	BATHING	BREASTSTROKE
CHANGE	CHWARAEON DŴR	DECOMPRESSION
DEEP END	FREESTYLE	GALA
LITTLE POOL	NEIDIO	NOFIO AR Y CEFN
NOFIO YN EICH BLAEN	PADDLE	PEN BAS
PLYMIO DWFN	PLYMIO RHYDD	PLYMIWR
SHOWERS	TREADING WATER	

Rhif 73 SUT MAE PETHAU?

```
Z G Z I C I N R E Û O H E F U W ŷ
M L M U G D V Y E F S Ê L Q H X F
E D Î L J A R Y R H V I Î U Ŵ G ŷ
D V C K O I Ï V I S C G D R E G M
I I ŷ Q I G G ŷ M H T W B Ŵ N F
C G I D N I J L Ê Ê Ï F E ŷ G W U
I Q ŷ Ï O P O G P A I N Ï R Ï S L
N P F I Â O B L O O W N O T T O C
E L A Á V R L Û Y I Î U I F C S C
H A S Q ŷ Y Ê B Ï Ï J E F W I O Ŵ
Â D D E R E H M Y T C L N T T C T
H Û B I B P Y Z Q Î I W T Ê P ŷ S
Ê I Y G R E L L A W W Y M D E H A
N A G Á W F L Y A D H I H O S O C
F I P Á L W R X A M H Á B S I S R
G A S X Y U F M P P B Á F Û T P E
K I D O J L W Á N M W I Q Ê N I T
F M N N L A L Y N R J Y W Ŵ A T S
Ô A I I I B L E C R Ô H N L N A A
L M L N L Ô Ê P L Ï S C X T A L L
T Ŵ U C Ê C U Ŵ Z I K I Y Z I N P
Û S F Z Ê Z I H M Û Î D Ô Ŵ H A S
D Q Ï B Ê C Á Y Û M Ê E Î C N A D
```

- ALLERGY
- APWYNTIAD
- CLINIG
- ELI
- INJURY
- NYRS
- PLASTER CAST
- AMBIWLANS
- BLOOD
- COTTON WOOL
- FFLIW
- LOSIN
- PAIN
- STRETCHER
- ANTISEPTIC
- CLAF
- DAMWAIN
- HOSPITAL
- MEDICINE
- PIGIAD
- TYMHEREDD

Rhif 74 Y TŶ A THU ALLAN

```
Z T U A A Â N S M J X K C N Ŵ S Ô
Î P Q V T Ŷ Ê Y P Y Ô M Ŵ N R L V
T U M N Â F H T U R N P Â I Ê I O
O Ê U K R A P R A C U E A Z H F Û
L D O F K I Ŵ F Î X D T D Û T F M
B Û C Ŷ F E C B U S S Y Ŵ F X T M
H I Y N N E M L U Ô E Z K P A R W
L J R V B O N W Ï N L B F Ï Y F Î
S S O Ï N Y Y E R K E Î Ŵ T Î G U
R Ŵ I F A Y N Q S Ŵ R I T S Ï X A
S L R M J C I O T T A T I C M Y I
Á P E A O Á Y L C Ê R G H E F J T
Q G T H Ê O L N M L K I W A U Ê A
Ŵ X X S Q M R K T A A N L L A W L
V L E Q R N D G L E O B N K N O F
U I L Ŷ O L L Y N L D K Á I A Â F
Ê P B A A Â U B Y I Ô D Ê T Ŷ N O
P Â H Z W Y P V R Á V Q Î C D W C
D Ŵ F O O R Z Q Ï S J I A H E N O
X N O I D D U H C R O G L E R N L
U S D O D R E F N Y N H U N I W B
E T A T S E G N I S U O H Ê Û B F
Ŷ I C E N T R A L H E A T I N G Î
```

ATIC	BALCONY	BLOC O FFLATIAU
CAR PARK	CENTRAL HEATING	CYNTEDD
DODREFNYN	EXTERIOR	FFENESTRI
GORCHUDDION	HOUSING ESTATE	KITCHEN
LIFFT	LIVING ROOM	LLAWR
MEWNOL	MYNEDFA	ROOF
SELER	STAIRS	WALL

Rhif 75 YN Y MAES GWERSYLLA

```
H E Â D J P Q O O L N Y T C B Ê U
Â A V A E U A B Ŷ Î Z Â N P M O Ê
Z N I O P F Ô B Ŵ S G E P O G O T
Â X R R T G Y Ê E Á X L C E F I Y
Ŷ Ô E O B S D R Ŷ L A X T D P H N
B M P L F E Â Ŵ Ŵ H L Y E R A C G
H A M R R Û D J Á D T C E Û K L N
H E A O K G Â R H E O L A U Ï O V
N S C N U T D Y W B Â F Y N S M K
Î G Q Ê O Q R Z L A U Î N T E Y U
Ï W O L G G E L E R B I M I X D D
C E G Ô I Q E H Ŷ B Î Â P F T D E
A R D R W L S B J E N A C V R E O
M S Î Ŷ L K K N Ê C Ô Q G R A O R
P Y S Y D Ê Y O Q I Ŷ W S T C L T
B L C Q H D Î Û O W E Î A O H L P
E L N Ï D F A Û N R Ô O C I A E M
D A T Ŷ M S H X C Ê Z N H L R F W
I R Y N O W Ê S Ŵ V F L G E G A P
Z T K C A S K C U R A N Y T E T J
A G O R W R T U N I A U S S U S O
K Á Â B O D U S T B I N G F D Y F
Z D L C Î H A Q Ŵ S Û I U Ŷ Ê B Ŵ
```

AGORWR TUNIAU
BWYD TUN
CORKSCREW
DŴR YFED

PABELL
RHEOLAU
STOVE

AIRBED

CAMP BED
CYLLELL BOCED
EXTRA CHARGE

PEGS
RUCKSACK
TOILETS

BARBECIW

CAMPER
DUSTBIN
MAES GWERSYLLA

PWMP TROED
SACH GYSGU
YSTAFELLOEDD YMOLCHI

Rhif 76 YN Y SIOP GYFRIFIADURON

```
Y A K A Á U Î L J K Y Z N A Ŷ T Û
V Y P Q Y H A R D W A R E Á Z P D
S P R E A D S H E E T Y V S R S I
Î B T A W Ŵ G R E T U P M O C Y S
A Û D Ê Û V V L Û V B Á S U N S K
Ï H C A B F O C W N A E A F A T D
W P R Ŵ V L A R Á Á S G M A D E R
T V E E F Q O A N Y Â S P L Y M I
A E T M Î W O A D Â Q Â C L L W V
Z Y N H U H Û D Î D N X N I L E E
M Ŵ I M W R G Ŵ E S E L Q S D I G
B Ô R Q E E K L Ï Î T L Î D N T F
Ŵ Ŷ P K I E A K R Ï W Y J D A H F
V K C R O G R Ŷ Q Ŵ O G Q Y B R E
G A I F G E W A Ô Û R O G R R E I
H A H S M I V E W B K D F I R D L
U O I A Ô K B G I T K E R W O U J
O D I W M Ô Û D J N F N F G T Â Z
Y L F M T Q T K L T Y O Ŷ T I H Î
H D V Û I Z H Â J Ô O D S J N Â Ï
V G L N N U A Ŵ Q F F Z D Ê O I U
Y S G R I F E N N W R D V D M W Û
G Ê M G Y F R I F I A D U R O L W
```

BAND LLYDAN	COF BACH	COMPUTER
DISG GALED	DISK DRIVE	EMAIL
FFEIL	GÊM GYFRIFIADUROL	GWEINYDD
GWIRYDD SILLAFU	HACKER	HARDWARE
LLYGODEN	MONITOR	NETWORK
PRINTER	PROSESYDD GEIRIAU	SOFTWARE
SPREADSHEET	SYSTEM WEITHREDU	YSGRIFENNWR DVD

Rhif 77 YNG NGHEFN GWLAD

```
D H S N D S A X Y A Ê D R Ô F P Â
J E Ŵ L H N R R C O E D E N F Z U
U L E V C Ŷ R Ê P M U Y I U O N Z
U I Î I Á A E V U Ŵ B M R Â N L W
F W L C U L I I Û M P R K P G I A
A R T Q L Û Á H D I M E E E E O T
S E G A L L I V Y Û A F U T R S E
Á Ô A W W H L H C S B F E Y D X R
H Ï J R Y Â J U Á Ê N Â A Á D H T
O Û N F B B S H A O E G W Á E B O
S S U M R T W F Y I C Á Y J D O W
T Û M H O W S X Ŷ K C A R T A K E
E R Î B O Ï T O P F E Y I S T V R
L Û Q O Ô Y Ŷ J B A R H A E A D R
I B D Ŵ K P Û Ê A D Ŵ I C E Ê Q B
E Â S A R X Û V Q Ê D I H Ô A Z W
U Û F Q F Ê A T Á L C Y Y Û K T Â
E O Y R E N E C S S D E W Î Â Ŷ Á
N Ŵ K U D D B E C W W L A R C K Î
C E A W F V J Ŵ R E L G Z Ê A U M
T Ê I A R V G F Q P T C O Ê C A O
I Ï Ê P Q O F W Á Z Â A Î L Y Q Á
D Î O P O I Û I Ï J E G G I K B B
```

AFON   ARWYDDBOST   AWYR IACH
COEDEN   FFERMYDD   FFON GERDDED
FFRWD   FIELD   GATE
HELIWR   HOSTEL   LLWYBR
              IEUENCTID
QUARRY   RHAEADR   SCENERY
SOIL   TRACK   VILLAGES
WATER TOWER   WOOD

Rhif 78 WRTH Y BAR

```
S U D D G R A W N F F R W Y T H P
D M T S G I H Ŵ D S I J H T G U B
G W C Ŵ I Ŷ Y I Q H Á U U I X Ô L
W O V H Â C E Ŷ I H W R N Z Ŷ Z C
Û C I B A Q O S I R T G K D Û D H
Â Ï Ŵ R O M U C W R E Ŷ Û Ê Z C W
X Û U Û F D P C T R B W P M T G I
Q P Z Û D E W A W E X I F J Ŷ O S
T I Û A U D P I G D L Û A Á F C G
L Ï F T X Û N R B N Î S I S F O I
Ê A G A N E Y X Ŵ O E Î H X A C Û
L D J Z D Q T E Û D Ï V D P T W R
Â Q Ŷ V T S Î Y Ŷ Û W J O Î S X Ŵ
M O R A N G E J Ï Â L E I M R H R
Ŵ Ê Ŵ T O M A T O J U I C E A T Ô
Z Â L M L E M O N S Ŵ C O M B E V
Ï X E G H Á A D Û H B E U Û R A Â
X Z M P W Â K I H E D D A Z O L O
C J O D C Ô D A Z R R T N O I T Ŵ
Û Î N P Q R O Û Ê R E E Q Q Á Y Q
A P A N M Y V Á T Y Z A U P E G Ŵ
Û A D M V M Ŵ E Á P Ô O X Î I S L
Y Ŷ E O T C I N O T R Ŵ D Ŵ Ï Y X
```

BAR STAFF	CHAMPAGNE	CHWISGI
COCTELS	CWRW	DŴR PEFRIOG
DŴR TONIC	GINGER WINE	ICED TEA
LEIM	LEMONADE	LEMONS
LIQUOR	ORANGE	RYM
SHERRY	SUDD AFAL	SUDD GRAWNFFRWYTH
TOMATO JUICE	VODKA	YSGYTLAETH

Rhif 79 YN Y GEMAU OLYMPAIDD

```
E Q U E S T R I A N E V E N T S Ê
Á Z L U H A L D W U F I F Q Û C E
T N M E Ï Ï I C G Ê Û T Y W Ŷ G A
M O A R H S G L Ï M F P K T Ï Â D
Î L V B Ï C X Ŵ I U C E Ï B D B B
L H K Ê P P U Ô L N Y S H W S B I
K T T Ô Ô M U D D U G Y I T K Á A
C A P N T S A H I N G N H V M Y P
D T Ô G G D S Î L A T J V Î Ô B M
U N Y E G I Y G Â E N G N B C R Y
Á E E T N W W Ŵ R B U W N N G O L
L P K S I E P I O M H Â O C R S A
L Ô C A N N I P Y P D Á L I Û E R
A Y O N E F D D U V C N H Q O S A
B Ŵ H M P Y O X Y Ô O D T Ŷ I Y P
T Î D Y O G C Ê B T I I A J S M U
E K L G M S T N N A Î Î I T N G A
K Û E Y R A G I N Z Ŵ M R Q E E M
S Ï I W U R M F Á R R M T Ï F I E
A O F Q M D C B Ê Ï W R E U F S G
B L L Q A N O H T A R A M Ê Î I Z
P L C B S P E C T A T O R S B O B
C Y F L W Y N I A D M E D A L A U
```

BADMINTON	BASKETBALL	CODI PWYSAU
CYFLWYNIAD	EQUESTRIAN	FFENSIO
MEDALAU	EVENTS	
FIELD HOCKEY	GEMAU PARALYMPAIDD	GYMNASTEG
MARATHON	NAID HIR	NAID UCHEL
OPENING	PENTATHLON	RAS GYFNEWID
SAILING	SPECTATORS	TRIATHLON
WINTER	Y BROSES YMGEISIO	YMGODYMU

Rhif 80 BLE YN Y BYD?

```
L L I N E L L D D Y D D I A D A N
Ï N A I D I R E M E M I R P W Î R
B Y T I C L A T I P A C K A A A Ô
H T R O F A N Y C R A N C R O H Q
D T A F D D A R G R A B Y T Ï Ŵ I
Ê Y U U J U W D A Ï Ê Q K H V F M
K Y Î M J U Á Û T E Q L E A O Ê R
S D Y Ô I J Î Z L Û D L Á M Ê R G
C A N Â Ï Z U C H D E R W S Ŵ Y B
Ô N L A Ô A A Z D V Û Ô E E Q O H
Ï U Ŵ T L W P E A K A W R R Ŷ Á I
C N L Ê A S R T I N A K X H Â R Ŵ
C Y F A N D I R K F C Q E J L R Y
Ŷ F T K E O A Ê J O Ŷ M F E Q Ŷ R
B Ŵ U L N A C O N S I V V F F O A
B G L P O Û Ŵ T R S C E Q T F Y T
R N Á K N W O U F Y L E Ŵ N U Â U
I S Ê B M U E F H A N I F F Ô Ŷ B
T J Ŷ N R Ê E Y E S M E X X C N I
Á G I L X R D S E Y C Z U O X P R
F Ŵ I L C E O E D U T I G N O L T
H N C R D I J S A I R Ŵ S J Ŵ Á Z
E M U D Ŷ Û F W Y Ŷ Z W A D C R U
```

- AZIMUTH
- CEFNFOR
- CYHYDEDD
- HEMISFFER
- LLINELL DDYDDIAD
- PRIME MERIDIAN
- TRIBUTARY
- BAR GRADDFA
- CONTOUR LINE
- ELEVATION
- ISLAND
- LONGITUDE
- ROAD ATLAS
- TROFAN Y CRANC
- CAPITAL CITY
- CYFANDIR
- FFIN
- LLEDRED
- PARTH AMSER
- SEA LEVEL
- UCHDER

Rhif 81 YN Y LLYNGES

```
Y P B O W L I N E V S M Y Y S Î Î
Z Â G N A M A E S E L B A U R N R
E L L A Â Z Ŵ H D O Ô V S K L I E
G N H N D A I Ê U I N V D M H S I
B G A C Ŷ E R Q D W Q E Â R A A R
A Y Ê Ŵ Ê O W Y E E C I G T Î L R
T F O U A S Ŵ C R K Ê N L R D F A
T A V V K Ô Ŵ Á H Y C S M V A Z C
L U O Q N Á J A T Y S R K D H B T
E D N L X O N Ô I P L T I N Î N F
C K R J F D C M E C N L L W D Z A
R N Ï A S A Ê S W Ŷ Z Â O Y S Z R
U Ô E C O Q S M G B Y S L N S E C
I G G T V B P A D B A E W G G Ô R
S C S K P A A N D O O D Á Ï Û F I
E L F H W A D G E M Ŷ Â A P Ï R A
R I D D L C C O O L Z Z V C O Ô Ê
Ê P R R Ê I Y R F Ŷ F Ŷ Ŵ Á H C E
J P R Ô D N K F A H W Z R Ô Z U Ô
H E M Ê D Ŷ Î A S L Ŵ J Z C H Á B
W R V Y A R Y C R E I G I A U W X
B A L L A S T N O C Ê F O X L Û Á
K Ô U Ô Y J F B G T H O L Q Ê F J
```

ABLE SEAMAN   ABOARD   AFLOAT
AIRCRAFT   ANGORFA   AR Y CREIGIAU
CARRIER
AR YR YSTLYS   BAD ACHUB   BALLAST
BARGEN   BATTLECRUISER   BOWLINE
CAPTEN   CLIPPER   CONVOY
CRIWSER   CWMPAWD   DECK HAND
GADEWCH Y   GORSAFOEDD   MOELYD
LLONG   GWEITHREDU

Rhif 82 YN Y BECWS

```
A D G I Î Y V M Â Z M I J Z U Ô N
R A Î Î B K I T Î L Ô Y Z Q Ŵ M W
A E M Ï A I L Î Z R Ŵ Á K J W Ŵ L
F R I Y R B A D O S A R A B T Á S
Y B Î G A I E T G L X T Ê N M O V
W L Y H W C O D I Q O Ê R F U L Á
R A C R E K A B B B R F O G R N L G
D E E A D B I Ŵ T D C Ŵ D S Q P F
O M O Ŷ I Q M H X A W O Á N P G V
M E P D I P E D R H U Q T Y R Y E
D L U E S N S A T G Q Û Ï W Ŵ J Y
Ŵ O N Z L Z B E H F T X T G J Z T
G H Y S E K M R E T X Ŷ W D L I W
Ŷ W H J I I U B Ŷ T Û Â T W P V Ï
R Z Ï O S Ŵ R P K O T E R A N A F
J E Q K I J C S Y L P E G L Û Î P
Î L C Ŷ O W D I Î Ŷ S W U B Û P B
Ŵ Ŷ Á I Á Q A R E M W I N G I C U
H Á V T L W E C S Z U G L Û A Â R
J E Á L T S R T E F Z E T Ŵ E B U
N Î Ê B Î F B Y O O W U N R C K M
Q I I Q G Û I R L E Ŷ B Ê Á H C S
A C R A S U K S B I S F L U T E F
```

BAGUETTE	BAKER	BARA CORN
BARA SODA	BARA WEDI'I SLEISIO	BLAWD GWYN
BREADCRUMBS	BURUM	CODI
CRASU	CRISPBREAD	FLUTE
MODRWY FARA	RYE	SIFT
SLICER	SOURDOUGH	TOES
TORTHEN	WHOLEMEAL BREAD	

Rhif 83 YN Y LABORDY

```
I B A L U T A P S E Z Â T X K T F
R N Ŵ F G H G O V W Ô A Ŷ O I J X
T Ŵ Ê Â F E B Ï Á J F K F W Ï R W
E M X V M Î U S U F D O B Ŵ E T A
P I O E X Y X K M E R P K P J O C
L G U F M D X W M C R H A E Ô K G
G R A C K R T N E A V P U X M V U
S P R Ï A O I P W T R M W E M F S
Y A Á E F B S F M E G N I R Y S A
D P Á Q F A L R T W Î P M F V S F
E U B R L L G L A S S B O T T L E
S R T Û A I I T K E S R N K Y Î T
T L J E S F L Q Q F Ŷ Ŷ W V Ô Î Y
R I Ô U G Â H A B B U T C U R Ô G
I T N P I L C E L I D O C O R C L
P M G A J I G Ê D I F E R Y D D A
O W O O I P M A L G N I D N O T S
D S U Û Á R Ï R Î P O I Á U Ŵ Ô S
Ŵ R E T E M O M R E H T J Û S W E
Û Q G Ô D Ŵ Ŵ L Y I W W Y Ô O D S
Â B K L U Ŵ I Â C Î P H S L Â Q Û
L L O S G Y D D B Y N S E N T Q I
C Y D B W Y S E D D S B R I N G Â
```

CLORIAN	CROCODILE CLIP	CYDBWYSEDD SBRING
DIFERYDD	DYSGL PETRI	FFLASG
FILTER PAPER	FORCEPS	GLASS BOTTLE
LABORDY	LLOSGYDD BYNSEN	PAPUR LITMWS
RACK	SAFETY GLASSES	SPATULA
STONDIN GLAMPIO	SYRINGE	THERMOMETER
TIWB PRAWF	TRIPOD	TWMFFAT

Rhif 84 YN Y SIOP ADRANNOL

```
Y E L E C T R I C A L G O O D S E
S J Î E R A W N E H C T I K K H Z
T D I L L A D D Y N I O N H V Ê N
A I S T Z C Q F T A A K Û Û Ŵ Ô N
F A G N I H S I N R U F E M O H T
E I U E U N O Ŵ Û A B K G T D Ŵ S
L R I M E A R R A E W S N E M O W
L E S T S Ŵ D S P O R T S B P Â Ŷ
O M K R G Ï M A C E U Y C Ŷ Î Û O
E S W A I Ô Ŷ L U Y Ê A Ŷ F Q C D
D W N P D J Û E Â E Ŷ T N Û U X Û
D C E E I Û R S N Y L Ô Ŵ A L Y Y
N H U D A P P A Z Ŷ M O Ŵ F G R R
E T A E U U E S Ŵ U N E G Ï Â E O
W E D G R W A S R E P Û L P B N T
I A D A A A F I Q X I L E K F O C
D N F G N Ŵ Á S Û M I T M G N I E
F A W G I Ŷ J T P E Ŷ Ê Y Â S T F
O S Y U E L Q A I Z Á Z B T T A E
V A D L I F Á N B E A U T Y K T R
J W C A S Z I T Q K E Á Y Z A S Q
Á G K Á T D T Z S J Y E Û Â Ï U T
C Y F E I R I A D U R S I O P A U
```

BEAUTY	CYFEIRIADUR SIOPAU	DILLAD DYNION
ELECTRICAL GOODS	ESGIDIAU	GOLEUADAU
GWASANAETH CWSMERIAID	HOME FURNISHING	KITCHENWARE
LLIEINI	LUGGAGE DEPARTMENT	NEUADD FWYD
PERSAWR	REFECTORY	SALES ASSISTANT
SPORTS	STATIONERY	TEGANAU
TSIEINA	WOMEN'S WEAR	YSTAFELLOEDD NEWID

Rhif 85 YN Y GWEITHDY

```
U U L Q P S I G O N E A H D E O C
R E C H A R G E A B L E D R I L L
Ŷ N E G W Ô Û Á E N D M C N L E N
Û W Ê N Ê Y Ŵ I D L D Û J E N H E
Û Q Â V A Î K B W W R Ï O A H Q R
M W O D F A B Â A O W J L T C O P
Ê H Ê C Q O W Y S O F P R S N S N
Q Â Â P D O R Ŷ R D D I E H E G E
Z H N Ŷ M W D Û P S O V D T B I A
Q Î Â C Y H D O R H L P L R K J T
I C Ï Ŵ Û N C Y E A G J O W R A S
M O E P J Û A X N V S C S G O I L
U S U W S O L E M I J Ê L R W R O
G L U D P R E N E N O Ï P U K T G
P M J O H Ê D B D G Ê K B D H A L
H Â U Z R D X P D S K R T A S B M
Ŷ A R Î Ê J I V A N Ŷ D M B I N I
W M R C L B Ê Ŵ L E M M W X A Y T
H B T D G A L F A N E D I G N C Ô
H Î Q G W V Q B A R V O M K R E D
M T Z J T O D L Û W Û I Ê U A P Ï
Y A M Ê T O O L R A C K C S F F T
R P R K Q A D D Û G Ê K W E O W R
```

BWRDD CALED   COED HAENOG   DUR GWRTHSTAEN

FARNAIS   GALFANEDIG   GLUD PREN
HAMMER   HARDWOOD   JIG-SO
PECYN BATRI   PLANE   PREN MEDDAL
RECHARGEABLE   SAW   SGLODFWRDD
DRILL
SOLDER   STAEN PREN   TOOL RACK
VICE   WOOD SHAVINGS WORKBENCH

Rhif 86 YN Y SIOP CAMERÂU

```
F F R Â M L L U N I A U Ï G T Q Ô
L L E B O I L O E H R M K L T M H
Ê N Û P B I O X L M L P J Ï O C Q
U N C G L D L R U I U Ŷ U N C O H
Ŵ Ê O W F Î Q B F C Ô Î T U A W G
U K C Ï X K L F E Y K A C A M N N
N Î T I R A H C G S G S S L E T Z
P U J U O Q E D X E V U H O R E O
X F L T E I G I Y I Z C U G A R Y
D Ê O R P T L M L F A O T D S F F
W H S E I P O D Î V N F T D T F U
P M Y N I T D I Z Î V F E Y R R A
C E R Ï S V I G C H L O R R A A L
Ŷ A D Y R Á G O Ï Û Z T S U P M O
R E T L I F I N P C Ô U P S D I O
G T U U Ï E D O E A F O E E Ŵ A D
X N Ê V F S A O F G C Ê E M Á U O
Î A Ŷ K H U R L U P Y S D Ŷ Y F M
T T U F Â Z E A A X Q D N E N V R
A S I S T R M U N Û Â X D E A F O
U N L M K E A T Ŵ Û H F Î O L Ŵ G
Y I Û L T I C R E D E Y E E L W G
Á J U O G W E F R Y D D B A T R I
```

CAMERA DIGIDOL	CAMERA STRAP	COWNTER
		FFRAMIAU
DIM DIGON O OLAU	EYEPIECE CUP	FFILM
FFRÂM LLUNIAU	FILTER	GORMOD O OLAU
GWEFRYDD BATRI	INSTANT	LENS CAP
MESURYDD GOLAU	MONTAGE	NEGYDDOL
OUT OF FOCUS	PHOTO ALBUM	RED EYE
RHEOLI O BELL	SHUTTER SPEED	TIRLUN

Rhif 87 YN Y FEITHRINFA

```
C A D A I R W T H I O N U Ŵ O I W
B E M C A D A I R U C H E L J X E
H L Ŷ A M D Â Q I Z M L Z L N M W
G D A T E G A N A U M E D D A L B
Ŷ C M N Ê R G I Â T G R I S I A U
E B L S C Î C Î T Ŷ B A C H T W T
I G Ŷ O M E C H A N G I N G M A T
Â C N D P F D F S M H Ê A P Ï Á G
X M T O P L T S R A Ŵ X K Ŵ O Ê O
E J E V P R E R Û Ô R Q I R M Z F
L J K W U S R N P Ŷ T Y M C Ê M A
I U S E D O W Y T L L W P R X T L
B Ŵ A I W X Y Q B Y Ŵ T A P A X B
O P B P U Z P N Ï K N T O E A L A
M Z Y S N A Ô O X Z T Q T C X N B
Ï Û O G T Ê A Ï I L L A M Î I Ŷ A
Î E T W M F S R E M C B A V Ŵ Ŷ N
B A K L W L Ï I J C M I R W E B O
B O B Y W S O Ê F H Î H P C Á L D
G R A B B Á K D Ï V K F E Z S Ï Ŷ
H N V H D Q Ê Ï Ŷ Z Z E R Ï U Z A
N K L T F A Y D Ï T L Ŵ I C L O D
S Ô M Á N Â Ê Û W F R Â P Û Á Ŷ S
```

BLANCED
CHANGING MAT
FLEECE
MOBILE

PWLL TYWOD
TEAT

TŶ BACH TWT

CADAIR UCHEL
CLO PLENTYN
GIÂT GRISIAU
NAPPY RASH CREAM
RATTLE
TEGANAU MEDDAL
TŶ DOL

CADAIR WTHIO
COT
GOFAL BABANOD
PRAM

SPONGE
TOY BASKET

WEIPS GWLYB

Rhif 88 WEDI MYND 'SGOTA

```
D E Ï T N V Û Q N N C I M Ô F C R
B R A E P S Â Â F Ï A H S U Ŵ Â I
L R T Ï Y A F Ŵ W Î S E I O Ô G A
W S A I Y J P K D X H R D A L Î W
Â R W B C Ï P A R J M K Â A Á Á N
N Z Ï Ê M W Ŵ E Ô Y D A N N P A E
N U Ŷ D Y O T H M I H Y B M E F G
M G U Â J D Â Â P C R Y Ŷ W E T T
S F O O R P R E T A W Û Ŵ Î Y E Q
L J Ê J Ô Ê D A F Ŷ K W E Y D D Ê
G Ŵ Á V R Û C O D Ê Ï Ŵ K Z G G W
L O S Á R K N S V M K Ô F A H L Ŷ
O F V H Ŷ I F R E S H W A T E R Ê
N E U L P Ï V Y Û L E Ŵ G T Ŷ Q D
H L G X C Q K E I U Ê E E B T O F
Ô D J M B E I U R R S N N Î Y K Ô
U T Ê J V I Î L Ê Û W U R I I C G
I Q K M Ŵ Û I G Á A A Á E Ï E Ŷ L
Ï K O O H Û H M P S Z Â L C X L B
Q Ï P X Ô C Á O Y C U G E G W H Z
T Ê Q V W Ï Â W M Ŵ A O A P C Ô V
Ŷ Â L L D I P U J X D Z S Ô Ô W Û
V Ï B W D A G D Y W H R E Â Ŷ F O
```

ABWYD	BARB	BLWCH GÊR
CATCH	FRESHWATER	GENWAIR
GLAN YR AFON	HOOK	LEIN
MÔR DWFN	NET	PLUEN
PWLL	PWYSAU	RELEASE
RHWYD GADW	RIVER	SPEAR
SŴL	WATERPROOFS	

Rhif 89 AR Y FFORDD

```
V S A H R D D R O F F S O R T Î C
H G D H D H P Ï Î Û H G Á L I Z V
M E I I A T U O B A D N U O R C M
T N M W I L R T Ê O K I L N N K R
D O Ô Y D A L K O M M K N A O Q E
U S Î C E R D D W Y R R A G I W D
F T K E N Î N D T V O A L N T H L
F O M Ê Y T G R N O E M E I C G U
O P A G M Ŷ M O E A N D D A N L O
R P J G M E U F D Î O A I L U D H
D I C D I V N F I L H O S L J Î S
D N I M D Î F H C O P R T Á C J D
Y G F C Á F F T C N Y K U Ŷ M P R
M Y F C Â K O I A W C K O C P T A
A E A J Y V R A E E N X C Ê X A H
D U R W Ê Ŷ D W U F E N Ô Ô U N K
A V T K R T D G R N G Ê Q O Û F F
E V U L I O Ô Â T Ô R J Q H Â F L
L Ï K O B P T I N L E Ô I Q Î O Ŷ
P T Ô R Ê R T O Ŷ Ô M T Û E L R Y
Y Z Á I W R A U M G E G H Y Î D X
B B J X B G B E D Ï C T Á Ô Z D M
G O L E U A D A U T R A F F I G R
```

ACCIDENT	CERDDWYR	DIM MYNEDIAD
EMERGENCY	FFORDD	GOLEUADAU
PHONE	YMADAEL	TRAFFIG
GWAITH	HARD SHOULDER	JUNCTION
FFORDD		
LLAIN GANOL	LÔN FEWNOL	LORI
MOTORWAY	NO STOPPING	OUTSIDE LAN
ROAD MARKINGS	ROUNDABOUT	TANFFORDD
TRAFFIC JAM	TROSFFORDD	UNFFORDD

Rhif 90 YN YR ARDD

```
B  y  ŷ  S  Q  K  W  Ï  Ï  R  y  V  E  L  P  U  P
E  D  S  I  A  y  Ï  U  W  O  H  ŷ  E  S  E  P  O
S  Ê  V  S  S  R  W  A  A  W  U  U  C  R  S  M  T
G  Ŵ  L  W  P  K  Á  D  S  G  Á  M  Z  U  T  Ô  P
I  Ï  Ô  R  A  W  Ï  A  D  E  Ŵ  E  K  E  I  Ô  L
D  K  Ê  N  D  I  S  H  N  E  A  C  M  T  C  O  A
I  J  N  H  E  N  M  H  A  Ï  F  A  J  A  I  Î  N
A  Ô  N  I  F  B  A  C  H  Á  R  H  ŷ  C  D  J  H
U  S  H  R  H  O  R  W  D  I  E  N  Q  E  E  R  I
R  L  Ï  G  B  A  H  L  C  y  B  Ï  y  S  U  ŷ  G
W  K  O  O  K  H  Ŵ  B  P  F  U  J  U  N  Á  Z  I
B  y  V  E  S  S  B  A  T  T  F  Â  X  I  I  L  O
E  B  E  S  D  U  R  E  W  O  M  N  W  A  L  L  N
R  Ê  F  T  E  D  Á  F  R  T  O  C  I  W  R  F  L
F  Á  O  Q  E  G  F  K  Q  L  J  S  C  A  J  U  I
ŷ  L  V  Ŵ  S  S  E  C  J  S  Q  N  O  N  ŷ  Q  Ô
R  U  W  L  Z  O  O  y  V  A  ŷ  A  M  B  H  Û  V
N  Q  A  C  O  E  F  T  H  R  Z  E  P  L  Á  Û  K
J  Î  U  L  M  S  R  C  V  N  S  A  O  C  D  V  y
Ê  E  Q  Á  Â  O  Ô  L  O  Á  M  R  S  Î  F  Q  G
Ï  B  Z  F  W  U  E  F  V  ŷ  H  G  T  P  S  Û  Ô
D  P  E  E  V  A  F  Q  K  L  O  W  X  Q  Ê  M  Á
y  D  L  F  C  H  W  y  T  H  W  R  D  A  I  L  L
```

BERFA	BLWCH HADAU	CHWYTHWR DAIL
COMPOST	ESGIDIAU RWBER	FORK
GRAEAN	HAND SAW	HOF
LAWN MOWER	LLINYN	PESTICIDE
POT	RAKE	SECATEURS
PLANHIGION		
SEEDS	SISWRN HIRGOES	SPADE
TOCIWR	TROWEL	

Rhif 91 YN YR YSTAFELL YMOLCHI

```
M R E O P A T U E B Q Î D W I K D
A G H I H C L O M Y N S A B Ô Ï D
O E T S A P H T O O T Û R D Ô H E
F L A Ŷ E N F Ê Ê Q O B H J M Î N
G E L A A I V T V V F D E H G H N
N C C T D E N O T S E C I M U P A
I T U A O K P E T L K B L B Ŵ A D
V R M I W F E L L X B W T E Y Y H
A I P Q A X Ŷ I H A T M Y A Y H S
H C O J C G Â C W Q Ï Ô W B X P W
S R W P N A Ŷ O J C Î J E S J V R
U A D L E S A R N F A L L P H Î B
N Z E V L Á I F R T Q E I S L S Q
F O R M L Î L F A B W Î Y G P W Î
E R Ô B Ŷ Z Ŵ P F O Î M H J B C G
C A T A Ê Ô P R T G W I G Ô Q Î G
H T Ô T Á O K E U Ŷ U Y L E Ê Û S
S N O H E D E Ï F V L U V Q U I E
W Y I T P Ŵ Z H R Y Ï H S A B E B
R B H U F Ô S H O W E R D O O R O
B U B B L E B A T H D G Q T H Û N
M E D I C I N E C A B I N E T U Y
Î P N F J U C B Z G P Z Z X X Ê Ê
```

BASN YMOLCHI BATHTUB BRWSH CEFN
BRWSH DANNEDD BUBBLE BATH ELECTRIC RAZOR
ELI CORFF LLAFN RASEL LLEN CAWOD
MEDICINE CABINET PLWG PUMICE STONE
RHEIL TYWELI SEBON SHAVING FOAM
SHOWER DOOR TALCUM POWDER TAP OER
TAP POETH TOOTHPASTE TOWELS

Rhif 92 BWYD I FYND?

```
M R U P A P N Y C P A N X Ê H H O
J Û C D F S E I R F H C N E R F I
R S J D I O D F E D D A L D Ô Ï R
Y C Y R L S L R V M P Z Z L V Ï F
G K A W H C D Ê Z M Á L Z Û Ï F F
R Á W B I O Y V Ï D Â X E Ŵ Ê D I
Y Q A M G C R F N V K J L O N Y I
B R E A Z H T Î O C G P M Y N R D
Ê B K H B N S F I Ê Ŵ X I Ŷ Â G E
O I A H A F N Ŵ D Ê U C P Z N A W
T Â T B M Ê I Û O D R Î E Û Z O R
I C P T E J D S L R V R O Y R A Â
G D Ŷ P Ŷ C N Y G I Y P Û R R H I
O O Û L V Â O N S V X Î G E E T W
L Y D Ô Â H T Ŷ A E R Û E V I E Y
Q M S T N E S Ŷ D T G Ŷ I I H O C
M P Ê T O L F M O H M Á G L S B T
N Y Y Ŷ R H T Î G R K F G E A D Û
P G J P Ŵ A N W S O Y Ŵ E D C O Û
Î Á V O B C W I Y U Ŵ Ô V E Ï I Z
Ŵ Ŷ Á R R T A J P G M L Y M Ŷ D Ï
Y C S T E G G U N H G Á H O H V F
F B R K Ŷ F U Q N H Ô J Â H N Q L
```

- BYRGYR
- CYW IÂR WEDI'I FFRIO
- DRIVE THROUGH
- HOME DELIVERY
- NUGGETS

- CASHIER
- DIOD BOETH

- FRENCH FRIES
- HOT-DOG
- PIZZA

- CEBAB
- DIOD FEDDAL

- HAMBWRDD
- NAPCYN PAPUR
- PYSGOD A SGLODION

- SOS COCH
- TAKE-AWAY

- STONDIN STRYD
- VEGGIE

- STRAW

Rhif 93 DOD AT EICH COED?

```
H Ŵ V Ŷ A V M B W N Ê G P Ï K Ï J
Ï C N E G Y L E H O A E T R Ŷ V I
E W O N F Ŷ M W C N R O H T W A H
Â P E E R T R I F N E Â J J Ê B O
I R E L D T E Î L E P Ê K Ŷ I Ô G
Z S Û L Ô E N L I N N Z L R O R A
Á Î Ŵ O P Y N B P R L C C C Ŵ P Û
D T Î C L C O F E A R H O G Â J Y
H A O E Î N P K F R M E O A Ï Ê A
K T C L Y E O D E R D R G H H Î P
T N G N A E Î A B E W R U T C W R
Â E X C B N I E N C T Y I U N Ê I
W D H K Y Q I A L Q A T T I J Û C
D D S Y Ô L F E O T F R D H C Z O
Û Y U K Î A F M D N Á E M B A Â T
Î W Î B L G Á F T Ê M E E N N U T
W N R A Ï G L C A Ï Ŷ R B E G H R
Î A U A C G R Ŷ O W P M T W E R E
B T L G L K Ŵ E W Ï Y D X R N Â E
A S Q N K P Â Á N N D D M E C Î Ï
R A Y Y U Ô O B Ê Ŵ X Ï D D J Î N
K C X T Ŷ T D P X X O Á C E Ê T W
B H P Ŷ J P Î Q B G S Ê F M N D D
```

APRICOT TREE	BARK	BIRCH
BONYN	CANGEN	CASTANWYDDEN
CELYN	CHERRY TREE	COEDEN AFALAU
COEDEN	COLLEN	DERWEN
FFRWYTHAU		
FFAWYDDEN	FIR TREE	HAWTHORN
HELYGEN	MAPLE	ONNEN
PEACH	POPLAR	WALNUT

Rhif 94 DARLLEDU

```
U N F M C O N T I N U I T Y Û W C
Q Á N N F Â M P W Û S A Z Ï C E Y
J K U Q B G D Ï A G B Z W Ï N A N
G N I T H G I L L W Z Î M A A T U
Û B Q Ê K Q S Ï L N N Y Á I F H L
A N A S C N E X N O Ŵ W G N Y E L
R A B R M C U N E I A W C N W R E
H I G O L L C Ê A D R I X E L F I
A C Á T I A O E L D E Ï M L E O D
G I V C F P T X M Y M C Ï G O R F
L N Â A F P U V Y W A O P A I E A
E H G D T E A Z D E C E P H S C T
N C O Â E R U Ŵ Y N N G Ô R M A K
D E R N S B Q O W R E Ê B N R S Á
D T S B Q O J S I W A S R E Î T W
O D A R Á A Û O D N R O O L X Ï M
G N F M E R K U R E C A A R K V G
F U R M Ê D H N O L O P D E Z D Á
E O A S Q G X D C L Î O C S Y Ï J
N S D Ô A Â E B E R Â P A M D Ŵ S
E P I T E I Ï O R A V E S A Â Â D
Û Ŵ O Ŷ U B N O I D Ŵ R T S N L P
N O F L H W C M Á S Ô A A I Ê Y Q
```

ACTORS	AMSERLEN RHAGLENNI	AUTOCUE
BROADCAST	CLAPPERBOARD	CONTINUITY
CRAEN CAMERA	CYNULLEIDFA	DARLLENWR NEWYDDION
GORSAF RADIO	LIGHTING	RECORDIWYD YMLAEN LLAW
RHAGLEN DDOGFEN	SAIN	SET FFILM
SIOE GÊM	SIOE LWYFAN	SOAP OPERA
SOUND BOOM	SOUND TECHNICIAN	WEATHER FORECAST

Rhif 95 I'R RHAI IFANC

```
Á Y M Ŷ F O O T B A L L S T R I P
L D I S P O S A B L E N A P P Y C
Ï G W Z Û M Y P Z B R Y H M Ê A L
B O O G I T S A L P S U S W O R T
Q Y O T A T W C S U S W O R T S Û
V Ï U D F I R C Á Ê N D B H A T B
I E A T U A Â Á T Ô C Ê Ê M Ô F E
Z J L R T P T Û Ê Z J V W F J Ï A
Y G A A Ô M D M A Ô H Ŷ Y G I W A
C C D I A H R G I O S S N O R P A
R L N N C P R Z Ŵ Y K H D I A I T
Z X A E K D Û N J I E O Â Ô K D E
V Ê S R Â X T P R T N T J C D Q K
M Ŵ Û S X F N T H Á Î N A Y W Ŷ F
Ï U S Ŷ O R K A Â Q I P N E Ŵ U G
G Û B U A J U V Ŷ G K F D Î A W Ê
V Y T O H L V R H C E R X N E Ï X
T C N A O C R T A D B Z A J T M A
O Î N E O T W B N J I S Q Ï U U Z
H Q P B M E I Y V V Y B X D Ï F Û T
G L A T A F W E Â T R O U S E R S
X N Ï R X E F W S L I P E R I R E
W Ŷ L P C T R O W S Y S T Y N N C
```

APRON	BACKPACK	BIB
BOOTIES	CEWYN	COBAN
	DEFNYDD	
DISPOSABLE NAPPY	FOOTBALL STRIP	HET HAUL
MENYG	NIGHT WEAR	SANAU
SANDALAU	SKIRT	SLIPERI
TOGL	TRAINERS	TROUSERS
TROWSUS CWTA	TROWSUS PLASTIG	TROWSYS TYNN

Rhif 96 ADDURNO?

```
S P O N G E D R S Y Q B D T W Â Á
Ŵ Ï E M L X H Ŷ C F Ŵ O T E G F V
H Á Ê I M K Ŷ E A W W X P Ï F E P
V U T S G Ŷ N H P Y W A Ŷ F C M Ô
Ê I W Y Ê A C A T Î T T Y N Y W Q
F I K F Ï U E X X G Y A A I L L Ŵ
Â W A Z T N Â Z N X V O Q A L S A
Y Ô J Ô T J Î I U V H C J M E I V
T S C W S S K Â R L I R V Ô L W J
Ï H N B Ŵ S J N Î I Á E R Á L N Q
A Ï E G A Ï T N Y E N D Ŵ E G Q Ê
D C U M T Û U Ê R Z Á N R F R Ŵ X
D H N S G O S Ô R M C U Â Z E B E
U C I N A Ê D E Î H Ï Ŵ Î U F R Q
R L Û W R N P D Á G N I M O F U Ŷ
N A G R Â A D V Y R M H Y Ê T S B
W G L Ŵ R D Ê P W D A U Û N A H D
R N N C Â Z I S A X D S J X U U R
B Y S Â U Î I U V P D Ê Ŷ J W E X
Z W V N C S P Ŵ V R E T S A L P L
Î G N G P F S A Ô H L R R L Á Ê B
Ŵ Y D U S T S H E E T L O M Û U Z
T L S X V N Y W G D O R I W G Á Â
```

ADDURNWR	BRUSH	CÔT UCHAF
CYLLELL	DUSTSHEET	EMWLSIWN
GREFFTAU		
GWIROD GWYN	GWYNGALCH	MASKING TAPE
PAENT	PLASTER	ROLLER
SANDPAPER	SCRAPER	SISWRN
SPONGE	TILE	TODDYDD
TYNNU	TYWOD	UNDERCOAT

Rhif 97 YN Y BANC

```
J Û R V Ŵ F R G F Ï Ô C G Ô T A P
P Á B K L K Ê P Y Á X Ŵ Ï P F Ï C
Ŵ F E X C H A N G E R A T E O Â E
Î K N S W G C Û Q H Ê B T O V Q R
Á Á T A N Y N O B E T B A F E M D
M P H B I Ê Ŷ D D Á V A Ô K R G Y
Ï R Y Ô Ô R S J T O P Z L Q D K N
Ô O C U U S A W W A P N Â I R M C
A M I J T I A I Ŷ Ô L O Ŷ L A R R
R A A C I R C V D K V U D E F D E
H R D R U N B H I O C Á I Y T X D
E T R O I R T R E N C W U M O F Y
O D E X T A R E O Q G P S A E L D
L E B Ŷ P I N E R C U S I M Î W M
W R M L Q O S N N E E E B L E H N
R F U Q A O R A Y T S R B Ï S R Û
B Y N H I D X Î E D A T S O G C C
A C N Ŵ R R P O P T D C R T O O Â
N N I I H Î G Z H B Ï Û C A O K E
C A P E C Ï J L Ô Y H C Ŵ O T C N
E I R E F S N A R T K N A B U E U
J R P A Y I N G I N S L I P S N J
Ï A T Y F I Â U Á X F X Ï Â T B T
```

ARIAN CYFRED TRAMOR

ARIANNYDD

BANK TRANSFER

BENTHYCIAD

BONYN

BROCER STOC

CERDYN CREDYD

CHEQUE BOOK

CURRENT ACCOUNT

CWSMER

EXCHANGE RATE

INTEREST RATE

OVERDRAFT

PAYING IN SLIPS

PIN NUMBER

RHEOLWR BANC

SAVINGS

SLIP CODI ARIAN

TALIAD

TALU I MEWN

TAX

Rhif 98 GWNEUD RHYWBETH GWAHANOL

```
B U N G E E J U M P I N G Q Y C O
D Ê M Ŵ P D W G D Ê T K O Ŵ Z I Á
R G O T Ŷ Ê Â B N Q Y N Ê C L D O
I N T D O Á R U R I E C Ï I V I I
N I O J Á S T G U L E Q E Ê L B S
G V R U G N P Y Ô Ê M S G O O G N
O I R Ŵ N R R Z N P B L R U Â B E
C D A Û I U Ï P Y A E N L C X D F
R Y C Î T D Â I J I F D K Q Ï P F
E K I H U O Ŵ Â D A E Ï W T Á O Ŷ
I S N T H M K I L R Ï Â G B N T B
G N G E C U O L I Ŵ Q Ê P O L H H
I R G A A A M N E B R Á B W Q O A
A A G I R I G Ï F M X M Z L H L N
U L I D A C P Ŷ M G K Ŵ E I C I G
U Ï F D P I Ŷ D Ŷ R E C W N S N G
B O F Y N E E I M Ô Ŵ S Ï G S G L
Û Ŵ F H Á B G Î A F D O V N Û R I
G N I T O O H S T E G R A T Ŵ Z D
Á U C E V I H N Î Y Z K Î Ô Ï Â I
H B B A Ŵ S S U A W G K M I Ŷ H N
W C V S K A T E B O A R D I N G G
U Ŷ Â Ê W R Ê L L I A E H H Ê M S
```

ABSEILIO	BOULDERING	BOWLING
BUNGEE	DRINGO	FFENSIO
JUMPING	CREIGIAU	
GLEIDIO	GWAU	HANG-GLIDING
LLAFNROLIO	MOTOR RACING	PARACHUTING
POTHOLING	RALÏO	RASIO BEICIAU MODUR
SAETHYDDIAETH	SKATEBOARDING	SKYDIVING
SNWCER	TARGET SHOOTING	

Rhif 99 GEMAU DAN DO

```
S B U L C E G G L Â S L S Z B L D
B W R D D G W Y D D B W Y L L F E
M Ŵ H Ô R W E A R A W H C H O J T
E N Q C L S D D Y L L I N E M J Y
L Q Ŵ N S U W Ê C C Q E U Q J Ï A
Z Ŷ Û E Y X E R O C S O Z Y X C Û
Z Ŵ H V C R U G E M A U B W R D D
U C Ï Q Û Â G S J Ô C I W Ŷ Î P Ï
P X Û Ŷ X A S T A I Î A L H J Î T
W Ô A A D J Y H K Ô Q T S C H L Ŵ
A Â P Y Û D M G B B S R I T Ŵ Á X
S E Y Ê A X Y U W P Á E D Y E Q Ô
G H Z R S L C A R Î Û L E Â I L Ê
I S T H P Y I R D Û Î B N Ŷ R G L
J S Q I A Ô D D D K S A Z S Ô Y U
R Ŷ Ŷ Ŵ D E C I D E H T L L O R A
J W F Z E Î I U A T N W M E I D N
W C L C S Ŷ Q M R U K K X T Ê C Q N
Y Â Â L A Q X Ŵ T Ŷ L H Y Y Y V O O
G Ŵ Î U O R C R I D Á P S P S U L
O Ê J Ô Î C D Ï A Û A F Ï Y F K A
Ŷ D Û J F E F S U W G Y O Ŵ I E C
Ï C C R B Z Ê Î N Î Ô E X H A M V
```

BWRDD	BWRDD	CALONNAU
DARTIAU	GWYDDBWYLL	
CARDS	CASTELL	CHESS
CHWARAEWR	CLUBS	COLLWR
CYMYSGU	DARTS	DIEMWNTAU
DRAUGHTS	ENILLYDD	GEMAU BWRDD
JIGSAW PUZZLE	PAWN	ROLL THE DICE
SCORE	SPADES	TABLER

Rhif 100 IACH?

```
S O Î P I Û J X G Û G M U G D Ŷ E
M S Û Q J S V K C C B Ê Ï Â T R E
O H W Y Â L O L R E F Ŷ Â Y G T M
W O B L Ô Ŷ A A R E S T H V I L G
W C V U Z I I U T I T W D S D V Q
Î K A Û S T C U R I A D O Á A U H
W Y V C H G S U P R E G N A N C Y
Ŷ Î Ŵ N N G E G Î S F B F I Â Z P
Î C L U Y E B M Ŵ V A Y A F X H G
X V C U W Ŵ K Z B R T O G U K G Ï
F A L S E T E E T H N W S E Â V C
C Q W P L S A P Y V V Y X Y Î R Ŵ K
L Á Y Ê F T V Û K E C W N L R M C
E S R Û F S Á Z A Z H Y E T Ŷ X A
F K P Ŵ O I Ŷ G A E T U P O U A T
Y Ê E Û N D I C E O R Ŵ D N H C T
D T N D Ŵ C Y L Î X O U P S Q Ŵ A
Y J N V B P C W K F M Ï W I Â T T
G H A Ï T H J Y N T Y Ô W L E E R
W Â U Q A Â G T Z R C Ô I I T I A
A Á E I F R E Á S W O W N T Ŵ D E
I T R W L Û A P C N U C D I W R H
R B Ŷ Ô K M H I Î E N Á N S L W Û
```

ACNE	CLAIS	CLEFYD Y GWAIR
CLWY'R PENNAU	CORNWYD	CRAITH
CURIAD	CYMORTH	DIET
	CYNTAF	
FALSE TEETH	FFLEWYN	GERM
HEART ATTACK	PENYSGAFNOD	PREGNANCY
REST	SHOCK	TONSILITIS
WHEELCHAIR	WIND	Y PAS

Rhif 101 GARTREF

```
E C D Ŵ Z T X Î K E Ê A H Û R H T
F M D L N Û B O D T S E N E F F S
P H I A T C Ŵ Ï U E R A Ŵ A Û D E
A T N O R L L Î Â C A F C D P Û N
U E E T U A L K P N Ŷ F I Ï C D E
T A R Á R W J Ŵ A E S O T Ô L M F
U B L I N D S Y R F Y S G O O J F
G P T Ô Z D Î H T U Â Y N D C U R
S H U T T E R S I A Ŷ L U Q H S D
Ô Î Ï Z G C L I T Ô L E A E D N Y
Â Ê Q Ŷ L Z Y Ï I Ŷ U W B L R E W
Ô H K A Ï Û A A O Î A G G A W N G
F Á I L Q C Á Î N J Q Â Ŵ N S F T
D R U O B H G I E N B G C D Ŵ W Ô
E W V Ê I W Ŵ Û G Â A Î A I W D Î
L Ô P N Â T E L L Î Á Î S N R Ï J
H B Ï W T G O Â K S Â Ŷ W G R Ŵ T
S P A R E R O O M T Ô Ê X Ê Û N Â
U E C N A Û X S C Y P T W T W E C
N O I T A R O C E D Y B J A T U Z
T S Á G Z Â C L K I R S L K M L M
A M W O D N I W H C N E R F B Ŷ Ŵ
R I Ŵ D Q P L F D N N Ŷ K Ŵ Z Q Y
```

BLINDS	CLAWDD	CLOCH DRWS
DECORATION	ERIAL	FENCE
FFENEST DO	FRENCH WINDOW	GWELY SOFFA
GWYDR FFENEST	LANDING	LAWNT
LLE TÂN	NEIGHBOUR	NENFWD
PARTITION	SHUTTERS	SPARE ROOM
STYDI	TENANT	TOEAU

Rhif 102 YN Y TŶ ADAR

```
S O E U E M T Î T E S T A W U Ô Q
Î Î P S J Û F N Â I D R T Á B Û B
Y I O Â Ê Â A Ŷ M O E H E D Y D D
G O P Q B S T S E N Â X L Ŵ J T N
G P B L A C K B I R D H Â Ê I Â E
O I E E G R U G I A R Á V S T V H
C E H N Á Y Q G Ô A Ï Z Z K L Ê K
Ŵ P L U G L G N G N I L R A T S Q
Â P B Y A W V Â N Q A P Y X W B Ŷ
Û T Ê I C Y I F B U N W M O Ŵ Ŵ Z
T Ê U V Z C M N C Ŷ M Y S R R X Î
J S V Y A J J I A F D S Y E X E G
Ô Ê Ŵ N Ŵ G C R Á T Û Ê Û H Û X O
X K A Q T O V T G G Û J F S E Ŷ Û
I R O Ŷ N H B X Ŷ T Û E G I O M S
Y U C I Z N Q B J Â C Ï Ï F Ï X L
W Ŵ A Q Ŵ Ŷ D K A O Z J S G U Â Á
A Y Ê N U S T C C Ŷ Á G Ô N Q Q Â
A T K C Ê D K O Y D C W Z I R W J
L W S Ô Â W R C D H A Y X K V Ï F
U R J P G C Q A O O Ê L N Â W N Ŷ
L C F Û K O G E P B A A X I R I Î
O I M N F S Á P Y P Ŵ N I Ê B H Î
```

BLACKBIRD	BYJI	CANARY
CICONIA	COG	EHEDYDD
EOS	GOOSE	GRUGIAR
GWYLAN	HEN	JAC-Y-DO
KINGFISHER	NEST	PEACOCK
PENGWIN	PHEASANT	PIG
STARLING	SWAN	TWRCI

Rhif 103 FY SWYDD NESAF 2

```
I  Î  Â  X  Ê  D  U  Ô  O  R  W  K  Û  R  D  T
L  Y  I  Z  E  U  G  Y  D  D  E  F  W  A  L  N
R  R  S  V  I  J  Ŵ  Ê  M  Û  P  T  P  U  U  E  A
G  I  W  K  Ô  S  E  Î  R  X  E  V  L  S  Á  W  I
C  E  D  Ö  U  S  N  Ê  N  V  E  G  U  O  G  G  H
Y  Q  H  R  L  Z  O  Q  J  D  K  Ŷ  M  L  C  D  T
N  F  A  T  E  G  M  Q  D  H  P  G  B  I  F  D  R
O  T  I  A  N  S  T  I  Ô  O  O  B  E  C  A  Y  E
R  T  R  X  S  Û  S  L  L  Z  H  Û  R  I  R  N  W
T  S  D  I  Q  K  O  M  V  W  S  X  H  T  M  U  G
H  I  R  D  Ô  Á  P  S  A  E  R  D  N  O  E  L  D
W  N  E  R  G  I  R  Ï  C  K  D  E  Ŵ  R  R  Y  D
Y  O  S  I  W  E  D  R  P  Y  E  M  Y  P  N  D  Y
Y  I  S  V  B  Ŵ  E  T  L  Ŵ  M  R  E  T  Ê  Ê  L
D  T  E  E  S  T  Ŷ  G  R  F  Û  E  Â  J  Ŷ  E  O
D  P  R  R  A  G  N  W  M  Ï  I  N  Ŵ  Î  Ô  F  I
S  E  B  R  Â  O  T  X  B  E  J  Ŷ  Î  W  K  Á  H
I  C  Y  Á  H  L  T  H  Ŷ  C  C  N  N  T  A  E  C
O  E  J  E  V  Y  U  I  Î  V  T  H  B  Ê  G  L  Y
P  R  D  Á  B  G  C  L  E  R  C  B  A  N  C  Ï  R
S  Û  W  Ô  X  Y  W  F  T  G  Z  W  D  N  Î  P  N
C  P  Ŵ  Z  S  D  B  Z  I  A  N  X  H  I  I  L  Y
Ê  Ô  V  Û  K  D  T  H  V  O  B  G  Y  Î  V  C  C
```

CLERC BANC
CYNORTHWYYDD SIOP
CYNRYCHIOLYDD GWERTHIANT
DEHONGLYDD
DRESSMAKER
DYLUNYDD GWE
DYN TÂN
FARMER
GLÖWR
GOLYGYDD
HAIRDRESSER
LLAWFEDDYG
MECHANIC
MILWR
PLUMBER
POSTMON
RECEPTIONIST
SECRETARY
SHOPKEEPER
SOLICITOR
TAXI DRIVER

Rhif 104 BETH WISGA I?

```
T D Ŵ V Y Ê G J B A I O Z P J P V
B R R T A O C R E V O G S B U Q O
Â J A E G Q Á Ï M B Q S M Â Á F Ŵ
D Á J C L V D X Ŵ R E J Ï Y E Ê X
D X T H W O T X B A K V M R P B Ŵ
Z A Î O A I C Ŵ X H E O Ô W H R Û
Ô G A G V N S Î N D Î L K V Î G Q
O W L H Á X C G E Z S D Ô Ŵ J W X
Ô I K E M U R E Q L U Â Q X Q I Q
C S V T S B Y C S Ï Á T Ŷ F T S Û
A G J G L Ô E T L H M D Ô A K G N
Ŵ N Z A E T Â Ï Â D F U O M Z B S
Ô O E L E U Ô B S F T C N Y W R R
Q F Ï E H P Ê O M W T O B N G I E
A I Ï D H R Î P J S K A I C S O K
U O D Ô G Ê H Û I Ï Ï G N T L D C
Ï Q Z N I S Ê A A G H Q R K P A I
J H G Á H G W Ô N T Z O P N T S N
Â Ŵ C Ô T L A W D T H O Ŵ P I O K
F H S T A V A R C S H J F A M S P
S S M Â E J E O L V R W C Á J X R
E L E B R S B Û K Y I E Ê K S O Á
V E S T S W Ï O T W D W Ŵ J Î V Ê
```

- BOTWM
- CRAVAT
- HANCES
- KNICKERS
- OVERCOAT
- TANK TOP
- WAISTCOAT
- COLER
- GWISG BRIODAS
- HET GALED
- NIGHTDRESS
- SHORTS
- TRACWISG
- CÔT LAW
- GWISG NOFIO
- HIGH HEELS
- OFERÔLS
- SIACED
- VEST

Rhif 105 ES I'R YSGOL HEFYD

```
A P P R E N T I C E S H I P O Ï Y
L D G Ŵ O L B F P Î L C Ê H Z K Z
G E T A M E H T A M Ô C Î I Î S C
Â S F A Ï O I G B Y Î L T S T B V
L Ŵ S C Ï J Ï U A R Ŷ Z D T I I V
Ŷ O Y E S Ê O M S O G E L O G T G
B N G Î R W P J Ŵ T A N L R U Y N
Û L Á S P T H I T I U E Ŷ Y N D O
Ŵ Ŵ A P Y I S J Â M G Ê Û R Á R I
L Ï Ô C N D H I H R Á B E Ô O O T
R Z P Ŵ K W N E M O Î D Y G B B A
I N Ô K D B Z I Ŷ D O D W Ô R A T
G E S I F F O Ê R M A O S A K L N
L Ŵ Ŷ U H Â Î A D F B E A Â C C E
O X S F K X B D R R F Ŷ H S I Á S
O Ï R S Â X E Â W D I P Ŵ F B R E
H P Á M E O A Y R A M I R P M O R
C X N Ô H R O E U W C H R A D D P
S W V T T Ŵ G Ï Z D Û E C B H D A
S H I Y N H Ŵ O Â D B Q M Ï B Y W
Û E Ï V Z E Â H R C U G L E Â W T
I M I S T A K E I P H Y E L G R A
D I W E N F Y C D A I L E W M Y E
```

APPRENTICESHIP BIOLEG BLACKBOARD
CEMEG DORMITORY FFISEG
FFRIND YSGOL GWOBRWYO HEADMISTRESS
HISTORY IEITHOEDD MODERN LABORDY

MATHEMATEG MISTAKE PRESENTATION
PRIMARY PROGRESS SCHOOLGIRL
UWCHRADD YMWELIAD YR WYDDOR
  CYFNEWID

Rhif 106 YN Y LLYNGES HEFYD

```
Ô D L Á L L Y N G E S F A C H Ï B
Û R E Q Û Â R P Ê G T S I M N A I
J J F Ê P C L Y T P I P V Û I Â Y
S N I W Y Y W E I U R V Q M Û G D
L Ï S H M O Y L P E G R A B D S M
O L F I R S T L I E U T E N A N T
D A O S Y F K A P D K G Z F R R L
O F G K M Y A G E E Á Û R E W Y P
G N O L R E N A B H F I I Y Ï J Á
S R P O R O A W R K G R N Y V Î N
Y Z Q W F Á E E N A R E Û Ŵ Z Ŵ B
G U F L Ô Y T Ê T A Û K Ŵ I A K Û
N K A H Á F Ï E C Ŵ I A J S B V Q
A Ŷ Ŵ I I V Ŵ T N Î Ŷ E P S Ï S Î
L Ŷ Q R C V R J O Ï Q R K W Y C Ŷ
G Z D A T O F I E Z V B R Y Ŷ H K
I P X Z C H D S F Ŷ O E Y D L A X
I C T S Ï E C Y I M O C F D U M Y
Ŷ O E P Z N Ê Y D N T I Ŷ O B M Ô
Á B V K Z I D J S R C I B G B O F
N B O I L A H L Ê C A I R Ê E C U
T E E L F O B K F Î O I K I R K U
Î E M Ŷ W Ŷ H Î Ô Q O D J N O M A
```

BANERLONG	BARGE	CÊL-HALIO
DOC SYCH	DRIFTER	ESCORT CARRIER
FIRST LIEUTENANT	FLEET	FRIGATE
GALLEY	GLAN GYSGODOL	HAMMOCK
IARD Y DOCIAU	ICEBREAKER	IS-SWYDDOG
LLYNGES FACH	LUBBER	PLYMIO
SIMNAI	TIRIO	TRWYN

Rhif 107 YN Y BLWCH OFFER

```
S R E I L P T E L E Y E R Û X W U
R R T Â P I N S W L E I D D I O Á
E K E Â U Ê L F Y T Y H U C Q T G
I W A P L B Ô Y L H J R B L T W H
L S Ŷ F A V D L W Û E Ê Ŷ L D Á P
P T V P W P D D D H A N D S A W W
E R Ê V X N D H Y W T Î Z G X Y W
S I J Ŵ C D W N A N K R S A V P I
O B N J Ô S L S A Û E G O R Z J R
N E E P N E T Y N S F A Û M E F E
D D R Y Î E Û S V Ŵ Î K D R Ï B C
N I B Â R O U H O C M I U E Â H U
U G L F T Y L D Á F D S A T L Ŵ T
O W Ê P P K P X U Q A Ŵ S X Ŵ L T
R I O N I K S K Ï E M S Î W E D E
Z F H L P E U U M Ï Z O Y F Q I R
T R L Z E Y D E Û S P A N N E R S
D E L Y C F P O Ê A L L E L L Y C
Á N I Ô U A E V K J E S G X Á K O
L R B Q T Ŵ N L R E I S A W Ŵ Á Z
R Á E Á T Y N D R O C A D W Y N S
S B A N E R C Y M Y S G A D W Y J
X Ô N S R W H N O F Û C L I S Ô Á
```

CYLLELL	EBILL HOELBREN	EYELET PLIERS
FRETSAW	HANDSAW	KEY
LEFEL	LLEDAENYDD	MORTHWYL
NYTEN	PIPE CUTTER	ROUND-NOSE PLIERS
SANDPAPER	SBANER CYMYSGADWY	SPANNER
STRIBEDI	TÂP	TAPE MEASURE
GWIFREN	INSWLEIDDIO	
TYNDRO	WASIER	WIRE CUTTERS
CADWYN		

Rhif 108 YN Y THEATR HEFYD

```
M P B O G R J Q D S H F T Û Ŵ O Ô
O R X Û D E B O O O N Î P Ŵ O P M
N I Á Î J F Î O N Û P O F Q F P Î
O F H M T R E Â U F U A D A S N F
L G R C I A K Ŵ J Û F Ŵ T Á C I I
O Y N Z W M T T B U W A E H T W S
G M X Á Â Y I B K E Z Â R O O Î I
B E H Ŷ Á P Ŵ C Û G U B J S L S M
D R N P E N O I T P E C E R Y A P
I I C L Z E X P O S I T I O N M E
S A L U F V Q Ô G X Z Û Z S Ô L R
N D S H M L R Ŵ O S A R E P O Y S
O R Î Û Â M A O L C L Â X X P G O
I M I G U D Ô I O I G Û C M A R N
S N A T I Á D C R N Ŷ Â K Î N W A
S T S U R J Â W P H J H U Ô T Y T
I Y N O Ê Y F I D C C O F I O D E
M Ï Q G U M F Ŷ F E Q Ô U Y M D F
R F T D X S Ï Y Á T Ê Â D C E S G
E P R C Á O P G F O S J F D I P M
T F Î Û D H W O I R E O H Q M T B
N E P I L O G X R Y Y N X A Ê G Â
I Y E W D O Á S Î P I B X P W Ŷ Ê
```

AMLYGRWYDD	BYRFYFYR	COFIO
EPILOG	EXPOSITION	FFARS
FLAIR	IMPERSONATE	INTERMISSION
MIMIC	MONOLOG	OPERA
PANTOMEIM	PATHOS	PRIF GYMERIAD
PROLOG	PROPS	PYROTECHNICS
RECEPTION	YMARFER	YSTUM

Rhif 109 Y GORNEL SEICOLEG

```
H F U F C Z A I R Z A C I Z B Ŵ R
Á Ô L L Ô Á Y C T B D Û T Ô B V O
M U C W Ï E O O R G U R P H W Î L
N Ŵ Û K Á C Â N Ŷ Ŷ E X J I Â S L
K X G O V Î R F B V O N J L M T A
Ŷ S Q Ô Â F A O O U Y P I E N Á D
Z I Û Â N I Î R V C H N L E S D D
Q S E A Z X T M S C U B M C E G L
U E Á G Ê N Á I R A O E H L H A B
P H O B I A T T N R C I U T M K W
A T I Q Î W M Y P A Z S E R D J D
H O L Ô Y E Ê D L O I A O Â L S D
R P Ê L M T Â P P O I N M D F V H
A Y L O P M S H N D Ŵ P Ê G L Î T
U H R L V I R W D Y M N E A A P E
L Y Ŷ O D E V V Y G W I X Û A U N A
P Ê C G N Z L U X Z C Î Û Ŷ K A I
M E Q I Ô O D A T B L Y G I A D D
A W A N G X W Ŵ X Q T H E O R I U
S F F I S I G F F U G P Á Ŵ N Î T
Î I N L V A E Â I M O T O B O L S
J U F C A N H U N A N O L D E B A
V M S I R U O I V A H E B P Ŵ Ï Ô
```

ANHUNANOLDEB	ASTUDIAETH	BEHAVIOURISM
	DDWBL-DDALL	
CLINIGOL	CONFORMITY	DATBLYGIAD
DELUSION	DISPLACEMENT	FFISIG FFUG
HYPOTHESIS	INTROVERT	LOBOTOMI
MEMORY	NORMAL	PHOBIA
PROBLEMS	SAMPLU AR HAP	SCHIZOPHRENIA
THEORI	TWYLL	UNIGOLYDDIAETH

Rhif 110 YN Y SIOP ANRHEGION

```
T L C Ŵ X U Û C U W U X V U U J N
S G A R F F I A U P Ê L D R O E D
L P D U T I X Q Ï U J F Z Û Î H S
X R W L A O C U Û Á K E W Ï Ô E Â
Ï X M E B I Á Â Â Î Z S Q Î L M M
G J I Û R E N A M E L B A D G E S
S R G Ŵ Ô A C U Ï I U I N M L P I
S Ŷ E R T R W E L U R A C Y E U Û
Y T I E Y S Z S B L C E S V A E Û
S T E S T O O A S D R I T I Ŷ K K
Ŷ R T N Q I J P E A O Y L S G M N
Ŷ Z I I G D N T U N L I W L O P Ï
H A Î N N A N G Y A S G W L S P G
D R C Y E E M E C N I R G Y A U Î
A U A O C V U E E A I D O N I D C
L Ï A S F Z U P G T R T R D Z Î E
E G D I Û F Â O I D Y D E A Û Z L
N E S Á P P E N S L I B S A C E F
O D Ê X X M G E D M O R K W F Ŷ W
D U P S K S A D M O D Â F S S Ŷ A
A J Û Â E W U T K U M Î R Î X S I
U Q G T G C Û S S B G G Q X N Ŵ T
Ï U S R Ŵ X B Â W E Î S C M G G H
```

CADW-MI-GEI	CARDIAU POST	CELFWAITH
COFFEE MUGS	CRYS-T	CUDDLY TOYS
DALENODAU	DALWYR LLUNIAU	ENAMEL BADGES
FRIDGE MAGNETS	GLASSWARE	GREETING CARDS
GUIDE BOOKS	MELYSION	PENSILIAU
POSTERI	SCENTED CANDLES	SGARFFIAU PÊL-DROED
SOUVENIRS	STAMPIAU	WRITING SETS

Rhif 111 GEIRIAU AR HAP 1

```
Q G Î O G E Ŵ V I Û J Â G I Ô Ô D
I Ê I Á T H Ê P Q U A G M E Û I S
F Z W V T W J Ô Û X B H Ô Û Ŷ E X
K Ô J B P O E Á L A Î O D K F G Û
Î Ô E E Ô I B I F Y Q Z S C G Ê K
H R J Ŷ Z W G V G Q J H K B Û E A
Ŵ C N Y R S I O I H Î R F Â A T V
F Î Û A T L A B G O E Â O Q Â Q U
Ê E L V E S F V Y S U D Ê B Ŷ M Ŷ
C Á Á Z L P G Ê N I E S Q P O J K
Ê Ô W K V F N E G O G L E I S I O
T G N I H S I L B U P C L B Î E W
A A Ô Q I R R Á U D N U P S K Ï N
M Ŵ P Î A Ï D A H I W M O R O D Ŷ
P D Y M U N I A D A U B R W I T T
E Q F B Y S S E S O N Ï H U Â N L
R Â G Z I O T S S Ê V Î W U L R S
Ï F Ô E P I H W W C R E Î Â B N M
I L I K M Ŷ G F G W C E V Â R Ŷ O
M Ê S Z H R P N D Ï Ŷ K H C T Î Â
E V L E W T V E M T S E D T D G M
U A I D I E R O R S Ŵ D E D A E H
D Î Ï L F Î Û I Û L R U R O Â R F
```

BYS	DRINGFA	DYMUNIADAU
EISIAU	ELVES	GOGLEISIO
HEADED	HIWMOR	NOSES
NYRSIO	OBVIOUS	PERL
PRIN	PUBLISHING	RATHER
REIDIAU	SELLS	TAMPER
TWELVE	WEIGHED	YN

Rhif 112 GEIRIAU AR HAP 2

Ŷ	H	E	Ô	D	Â	Á	D	I	Ŵ	C	S	I	V	Q	R	F
G	P	V	N	Q	D	T	S	F	Z	D	P	D	Z	O	A	V
O	Y	I	Y	Ŷ	S	M	P	E	N	R	K	J	P	X	E	C
Î	H	T	N	Ï	E	B	S	A	Á	Q	P	O	H	Á	A	J
H	H	A	A	O	Q	L	Ŵ	H	Û	Û	R	Ô	Ê	R	D	U
Ŵ	K	N	L	X	E	R	P	Î	O	W	O	L	N	Ê	D	Ŵ
W	M	R	L	Á	Û	Ô	Â	M	E	C	F	G	W	S	O	T
G	Y	O	R	W	T	Ï	C	Î	A	N	K	H	Î	G	H	O
D	L	Ï	E	Q	O	E	Ô	P	Ê	X	D	S	X	L	C	F
Î	S	F	P	E	T	T	R	O	B	D	E	J	Ô	E	R	W
D	G	E	H	V	B	Ô	E	Z	Y	Â	E	Q	X	F	Y	V
Î	Û	Ê	S	L	Z	C	C	D	S	A	Ŷ	W	Ŷ	R	T	G
S	G	K	O	R	N	Ŷ	U	F	R	S	R	M	Z	I	H	M
O	S	D	X	A	O	A	E	Ŵ	Y	U	R	Û	Ŵ	O	W	B
G	Y	Q	T	G	L	H	T	V	B	G	E	H	Y	Ï	S	V
N	W	S	D	O	C	I	Ô	U	Ê	G	G	U	E	A	S	Y
A	I	T	G	Z	U	Z	H	O	Ŷ	E	U	Ê	Û	Á	H	J
D	Ŵ	S	Â	C	Á	Y	V	C	K	S	L	E	S	Y	Y	H
D	K	Ê	S	Z	Î	P	Ô	F	Î	T	A	D	Y	V	D	W
R	C	I	S	T	Y	W	S	Â	V	E	R	S	A	R	K	Y
A	B	J	Ê	B	Â	M	Y	R	O	D	L	Y	B	H	R	C
Ï	L	Á	T	D	E	F	A	I	D	A	Y	L	Á	Â	U	H
D	Ô	M	U	R	M	M	H	M	X	F	P	W	Â	Î	N	A

ARDDANGOS	BISCUIT	BLODYN
BYR	CHEFS	DEFAID
DISTANCE	EASY	EWROP
EXAMPLE	GOLAU DYDD	HORSES
HWY	NATIVE	PERLLAN
REGULARLY	SGLEFRIO	SHOCK
SUGGESTED	SYLW	TYRCHOD DAEAR

Rhif 113 GEIRIAU AR HAP 3

```
U D G Y S C Á K Ŵ Ŵ J Â Î Ŵ D U I
R Á H C D L R Â D Ï H Ï Ŷ A R Q U
Ï V C Y R I E Î L X K D D O U R Û
C Û C A A M L A M I A F V A G Q Â
N Ê Ŵ H W A E D K X E W I Y V D D
O W D I Á T D J I I S R L V Â Î T
I W H A S E R J L Â O L A Á Ŷ P B
S Ŵ Y Q E X D I Ê B V L P G I P G
S G D J I T O P U U U G K R A W N
E O D T B N H G D A K Ŵ Ê Ï Y O I
R Z T N Á Ê S O B O G J M L E N Ê
P Î D A W Y S L L T Z F I A J Q S
E E X Ï D T E Z F I S O R A N G E
D B M G L Ŵ D S F H A A B P Q K T
O V Â U F Î B D O Ŷ W D M V F O L
J S S M M J A C Ï H H Z S Â D O T
Q E G C Z F K M C R C N Y D A U Ŵ
R D Y Á T I R O E D D H I K T Û T
X R L Î M J P C G K F S M P I J C
S W R A P P E D A Ŵ O J B J D R Ŷ
Û V M A Û A E Ô R M H J C G X E Î
S S H P Ô O Q Y Ï Ô N D R Ê E E Û
F E A R F U L Ô C P Ô Ï Ŵ V S R Z
```

ADFEILION	CHWARAEON	CLIMATE
CNYDAU	CYRS	DAFT
DEPRESSION	DRAW	ETHOLIAD
FEARFUL	GWYLIO	LLYGRU
ORANGE	RESULTS	SHOCK
STEAL	TIROEDD	TODDI
VALUABLE	WRAPPED	YSGUBORIAU

Rhif 114 GEIRIAU AR HAP 4

```
I Ï Ê Y Ŷ U G Ê T Û I T A L Y Á Ê
V L T V S H M S Î N O I T S E U Q
S R Ê T S L I O U D X W I M Ï T R
C Ŵ E S S D X W A Y P Ï K I Â N F
I Z D E G Â B X M B Ŵ E Û R Ï Â L
Ê F Z D A O K R H O D F A F F V Q
H Î Y L S Á R L I I R Ŷ F O Ŵ Ï Á
Â S X O K C W C R Â G M Û Ô S G G
K T E D Z P Z N H E B Q Ŷ Ŷ Î J W
E R J A O T J X D Y H U Ï F D U L
I T L A S I N O R K M T N Ŷ D G Ô
C Â R Z U E X D E L A Y A D F L L
Y Ï C Û D M N X Y Î K Y N G L L H
F F R U Y A Ŵ K Ŷ J Á U F N I E J
I Z Â B J N N S M Ŷ P W M F R D W
A K U L P Y E B Î E E D O U A P Ŵ
W U D Z S D L E N T E L P D Z Á H
N Y M Î O Y R F Á A E U X Û Ŵ J Q
D Ô Â L R Z R D L U P I T G Á Â I
E B P V I H N L O Y Î A W Ŷ Ŷ Á D
R X Q N Î L Q J Ŷ L N E K E P Z I
E A C Y H T N E B K L I U R T Ï N
R A Â V L Á C G S D W R Ô Y C Ŵ O
```

BENTHYCA	BUNDLE	CYFIAWNDER
DEALL	DELAY	DYNAMEIT
EXPLODES	GATHER	GORCHYMYN
GWELD	HIWMOR	ITALY
LENT	LLIFOLEUO	OERI
OLDEST	PUPUR	QUESTION
RHODFA	SALT	TANKS

Rhif 115 GEIRIAU AR HAP 5

```
T I G D K G Ŵ Ê G W E Î B Á Y Ŵ U
Á Ŷ Q N V U N Ŵ Î Z O F V O X E Û
J Ŵ U Q O Î A I Y Ŷ Â Ï E Ô P Z R
Q Ŷ B J U U Y U R Ŵ N C F K P W T
W T Z A P Ŷ E M Î O S Ô E G I D Ŷ
B Û N D Ŷ Y M N N U B Z C S Y Á Ê
Ŵ L A J S R F Ê A E M C I G C D H
Ŵ C Z O Y F Y Ï O C W E M Q N W J
I X H V W C H Ô Q N C A X N H I U
O Á E I H Ô W Î L H N R Y C U U A
I Ŷ F A Z M J Y C N M V O S E R Û
S Q E L W L Ê N O Á Â Q I I W I Ô
I K E P W B Ŷ G J Ï Ŵ Á P S S A B
E S B A P Y C X O X J R C T K L R
C Á E G Y O D L I I E E P E S G H
Ŵ F Á Q N Û G L O U P C F R E S L
N G V G C N O U G S Î I M I D I Â
Â I E M I R E N A Y Z T G G A D H
B A A S A Û O N R A Z E U W A R U
L Ï U R U T C Y Ï S I K J N R B R
Î O F Ï T Z G C S S L R G V Ŵ E M
H X A B Û Á F F L E L A T R E H H
D O F N A G R A D B U G A M L W G
```

AMLWG ANGAU ANNOG
BORING CANEUON CEISIO
CEISIWR CONGEAL CYNNULL
DARGANFOD DESKS DISGLAIR
ESSAYS HERWGIPIO HOUSING
JOVIAL PYNCIAU RECITE
SISTER TONGUE TRAIN

Rhif 116 GEIRIAU AR HAP 6

```
U X U R L Z S C N J J L M T Â Û Û
F S F W D Ŷ Á Y G Û H S I M H L Û
Ŷ Ŵ Á Q E D Y C H M Y G U V I A L
Q U H S W Ŵ E B R L D Ê F X E U O
D E R O N G I Û I Ê O O V Ê L S W
G B Â Î J E I D C M U D I N Â A E
K B R V C Y Z Ô N L I Z D Q O C R
Î O G L Ï X Q O E Q H G Û E Q Ê Y
D N Â Ô Ê Ŵ Ï F D C O M I C W O T
Ŷ G W A E D Y Ê Y F R U Ŵ Ŷ Û G Ô
M S C Z G R M C R S T W N W I O Ï
Z V L B H P E Y E L G C D Û N G T
M J L T Û Î Ŵ V L S U Y Ô E J L Â
J D R Ŵ G K Á Y L X H F L M E E U
T W G M X X S Â E Z O O T W O I R
G Ê G Z W Y T I W X D S Û D Á S O
A Ŵ G E G W B Ê E I H Ŷ J L F I Z
F Î A M Y F A S J Z B Á C Y I O A
Z M Y L Â W T A H D Ï G O D N Û R
S E L B A T T Y O N G U S M A E Ô
S O X X Û I L Î Ŵ Y Â U A Ŷ J T D
Z L N Q Y Û E Q I G Ŷ H Ê P H A M
P Â U Ŷ Ŵ A J J Q J R S F O X Ŵ Ô
```

AMSUGNO	BATTLE	CASUAL
DILYS	DOLEN	DOZENS
DYCHMYGU	EVIL	FOXES
GOGLEISIO	GWAED	GWEDDOL
GWRTHRYFEL	IGNORED	JEWELLERY
LOWER	MWDLYD	RAZOR
TABLES	TWYLLO	YMGYSYLLTU

Rhif 117 GEIRIAU AR HAP 7

```
K E Î A N U T R I T I O N Ŷ L Î F
D Z L Ô F T N A Q T D Â H O L K T
D H P P Z Û S Û V Ŵ H E N Q Ï Ŷ Q
I C E I O N A Y X M V E L Z J Û F
A G L M I E X W S R L K Ŵ Ô R H N
T L L I Q Î P D Û Y D Ô Ê T W E Z
E R U O C N A R N U E I Û V M Ï Ŷ
I P V Ô U Â A Ï Ŷ F T L Z O Á C D
F D Á Z Ŷ S Q H L J A F W Q R L N
O N G Y K I Î J P Z O J J U Ê Ê I
S D Ŵ Û S Ŵ I K V W L Î D E G Ô Z
W Y A I V U K Ô Y E F E Y U I I A
T G R N M P V Ŷ U R B M F O O R W
Ô N W E W G Y D H Ŷ Á Y Ŷ H O Ŵ Q
X I Q L Û D E P Ô U L F Û G M A S
Ŷ T T O G A R E J Y O S L K V G Â
R P T N W I X E D B Y A R K A Á I
V M N G W T Ê Z Ŷ F U Ô K Û P P I
D E I A Î N A I N O R T H P O L E
R T L T V A A E Ê O Z S P Ï J Î U
P C F E J R K Á Ê C Q I H L X P I
Î N F D N M Y T Ê N S Q R A S G Ï
H O M E D A L G U U B O E Ê U A D
```

AMRANTIAD   AROGLAU   CRUDE
DAN   DYLYFU GÊN   ELONGATE
ENFYS   FFLINT   FLOATED
GAREJ   GWAEDU   LONELY
MEDAL   NORTH POLE   NUTRITION
PELL   PEOPLE   RANCOUR
SOFIETAIDD   TEMPTING   WOMEN

Rhif 118 GEIRIAU AR HAP 8

```
G A D Z B O R K P C Ŷ K E B A K E
R Q O V R P T Ï Ô C R E B U B I R
E Ŷ W T L Ï Ŵ S S U Q A T B C R Â
C G Y A R W Z Ŵ E B E O W D Q O H
S W T W S E Ŷ K G N M Q R C Ê H L
E E R X Â I A O Ï A Ï B Î Ŵ Û G U
N N U A Y Ŷ G T T W B Ŵ J Á C N F
T U P X Á L R I A Ŵ Y Î J N A Y T
R Î A R A P C B R Q C L E A N C B
I U P I R A G S A Ŵ F Â X L G Â U
G Ŵ S I L W S J F R T L J A I P O
P W S L G P M C Ŷ R F N E B D C D
Ê M Y Â W N W S R Û J A Â O E S Á
Â K D P Y V D D D V U Â U R E A X
S U E Ï Á P D O B Y G M H A A E U
P E X C Y Á I A T O Â S I T C D L
L S Ŵ Ê Û T O R I Ê Û N Î O Ê I T
Â Á M R Y V T R W Y N A U R H B G
I P X D N A I Q E Ï F E K I C X C
Z U V H A E E C I F F U S E Ŵ Ê F
Q K V M G E Î Û J U M Ŷ H S Ŵ Û Z
G J P G Ï Î O Â Û K O A Ï O Ŷ Ô K
Î Ô R Ï Q M T X V Ô V H Î Û N X Â
```

AUTOMATICALLY	BARFAU	CAEEDIG
CLEAN	CYNGHORI	DOUBTFUL
ECSENTRIG	GEIRIOG	GOGLAIS
GWENU	IDEAS	LABORATORIES
PAPUR TYWOD	PEEL	PLA
PRISM	RAGS	SMWDDIO
SUFFICE	TREAT	TRWYNAU

Rhif 119 GEIRIAU AR HAP 9

```
T P N Â F Ô M B Á E T U Ŵ F D G H
Y Â Ô Á J Y F C Ï T Ê V J Z F H T
L O G I N U O U Ŷ Ê I Ï B Û V X E
S Â Â Á K Ê M L H M W F S V Î Ê A
J T N E G A G U Y K D A Ŵ Y K P N
Ŷ Y I A R Î O U T R A G E Y K J N
Ŵ Â Ï M T A N N C S U Ô P F O G E
O Y A J U I F Ŷ W O Y C Ê D W I P
E Z T R L L O N R N P H F U O Ŵ L
C L A E Â X A N A Y Ï C A B I Â L
B B T H Ê D S T A F C Î Û E D B Â
A O Ô T A G O X E L H Y Â N R R Á
S W B E A H W K Y Ï D A Î Y O P M
Y Ï H G V B F R Q T Û M O W G E X
Ŵ Q G O Y Â E G E T Ï Y I H D Ê O
M C F T M I B I N I A N R T Y G B
O U U Ô G E U A Ô D D E H R C J I
M Ŷ B A O Q Á C I P W D T W Ï C A
J Ê M M D R Ŷ L Ŷ E H D I G Î V W
D S S L Y I O S Ŵ N G Y E O Z S Û
Q Ê V W M H M R E T H G U A L X P
V O Ï G U Ï Â Â Ŷ W N Q W U Y F G
L U F D A E R D S R A Ô E Z W B Ê
```

AMLWG   AMYNEDD   BATTLE
CYDGORDIO   DREADFUL   EITHRIO
FANFARE   GWREIDDIOL   GWRTHWYNEBU
HOLIDAY   LAUGHTER   NATIONAL
OUTRAGE   PENNAETH   PENTWR
QUIET   STIMULATE   TOGETHER
UNIGOL   YMGODYMU   YSTUM

Rhif 120 GEIRIAU AR HAP 10

```
H G D N O L H T I E F F E B N R Ŷ
S I A D V Q Q C G M G H S D E E P
I D G Ï Î Z X L Î Â T C Q T R K Á
V E P B O Z S O Q A Ï G T Y Ŵ I Ŷ
A H Û D G Ê A N L Ŵ N I T K Ê D P
L T O E N Â N I T I B I Ŵ Y G T L
L E Ï I Û L Y H Ê U V Ê M Ô Ï I Ŷ
I A Z Ê Ï P H N Y Û M A N A Û T Ï
Ŷ F H O O Y T E M T K T E B T Ŷ Ŵ
I R Ŵ J S A R R A Ê Ê U D Î L S O
Y A P K Y C E B R I Û Â D Ŵ Ï H H
H Ŷ L I K U P F F Z H L A Q Á Y U
I M E D A C A Ê E J N Q S T I M D
T Û N N J Q T S R G G O G F Ŵ O O
Û O T V Ê N H I S T O R I A N U L
U W Y J R R Ï Á F Y Á D F I V T U
Ô Î N F A B U L O U S Ô B Q Ê I S
H B N Q B H L A R U T A N E R W L
R C A Ï E Q G Q B P I Q Y D Ŵ T Á
Á V I Ô U O U Q M N U D Y Ê L U E
Î E D Â M Y M O J Ŷ Á U Ê Q T O L
R E D N U H T Â T K A A L G Ŷ C Z
A F L O Y W J Â L E Ŵ Î J R F Ŷ B
```

ACADEMI   AFLOYW   ARFAETHEDIG
BITTER   BRENHINOL   DRIP
EFFEITHLON   FABULOUS   HISTORIAN
HUDOLUS   LAVISH   NATURAL
ONI BAI   OUTWIT   PERTHYNAS
PLENTYNNAIDD   QUOTE   SADDEN
STAMINA   THUNDER   YMARFER

Atebion

Rhif 1 TEIMLO'N FODLON

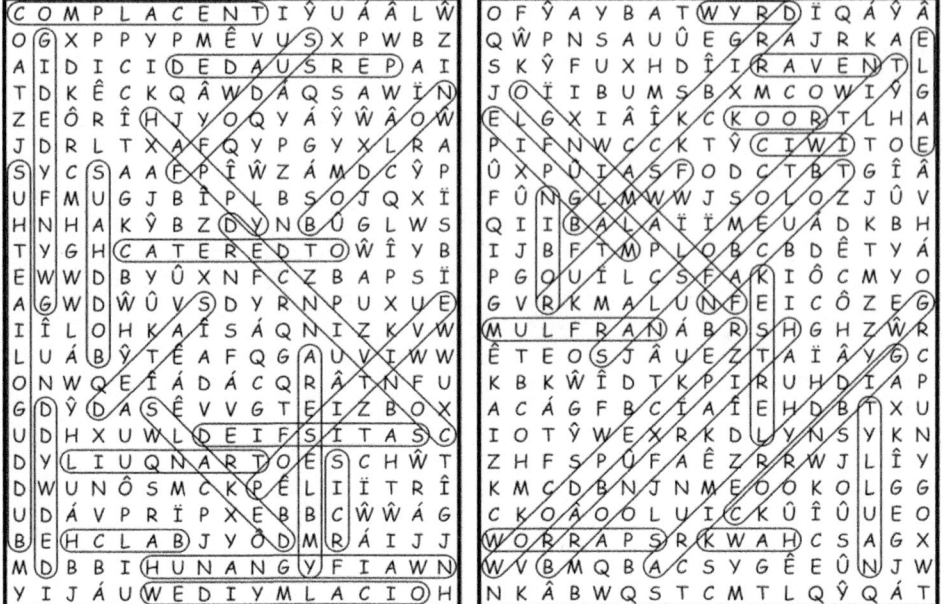

Rhif 3 ADAR

Rhif 2 BYD CYLLID

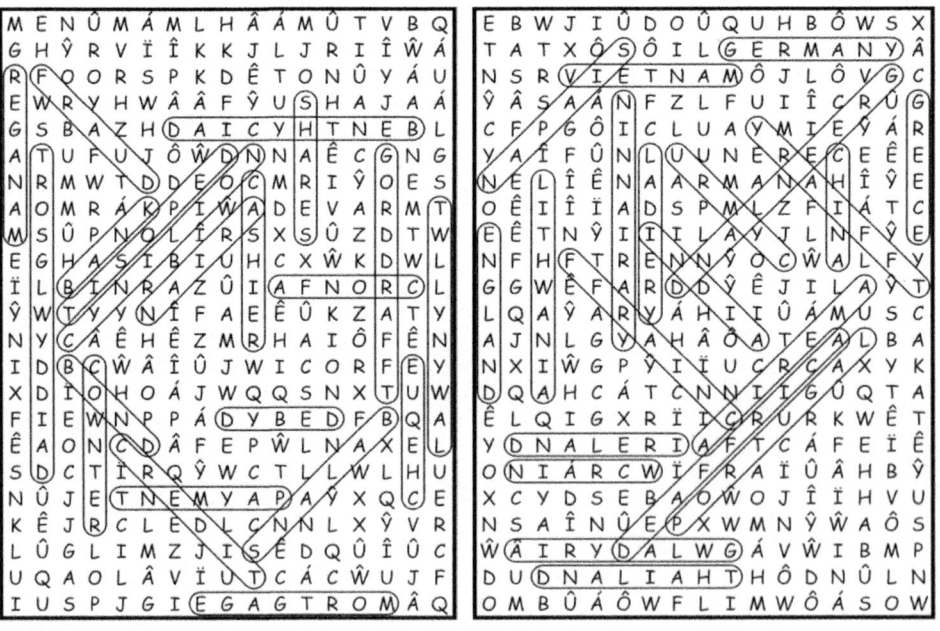

Rhif 4 GWLEDYDD

Rhif 5 YN Y TŶ   Rhif 7 YN YR YSBYTY

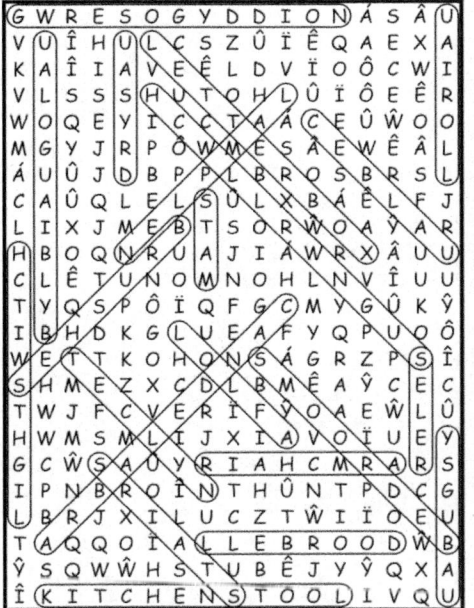

Rhif 6 TEIMLO'N IAWN?   Rhif 8 POPETH POETH

Rhif 9 BWYD

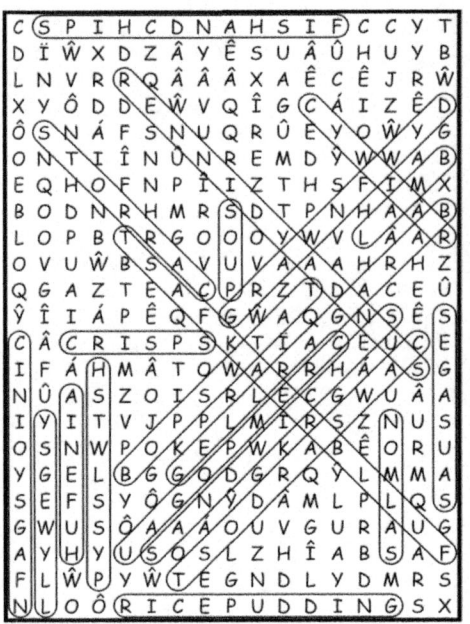

Rhif 11 YN Y THEATR

Rhif 10 YN Y GEGIN

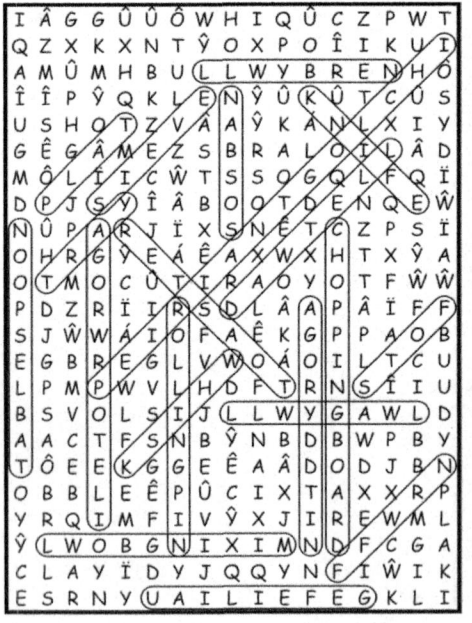

Rhif 12 DIDDORDEBAU

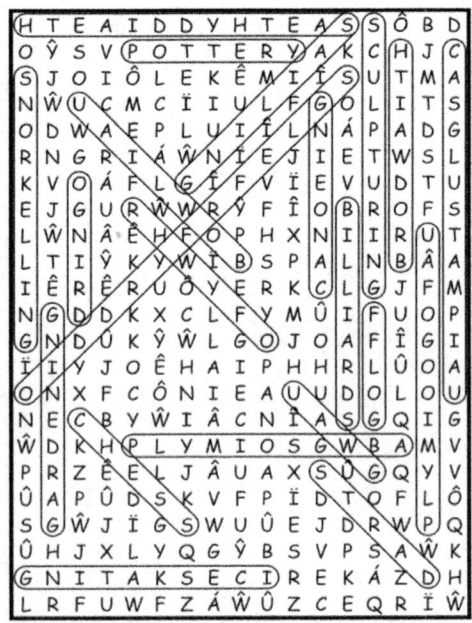

Rhif 17 YN YR ACWARIWM

Rhif 19 ALLA I FOD YN GRYF?

Rhif 18 SUT OLWG SYDD ARNAF?

Rhif 20 YDW I'N GWYBOD FY NGRAMADEG?

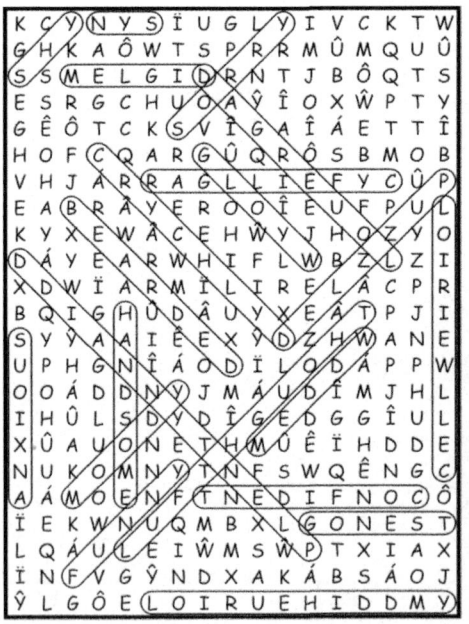

Rhif 21 I'R YMWELYDD

Rhif 23 GALLAF AROGLI

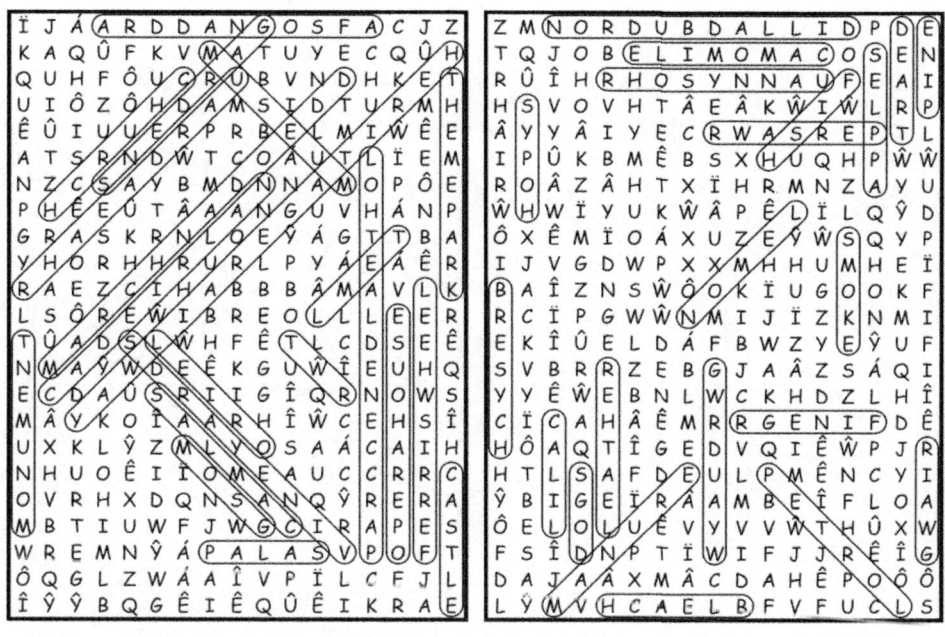

Rhif 22 RWY'N MWYNHAU

Rhif 24 YN HOLLYWOOD?

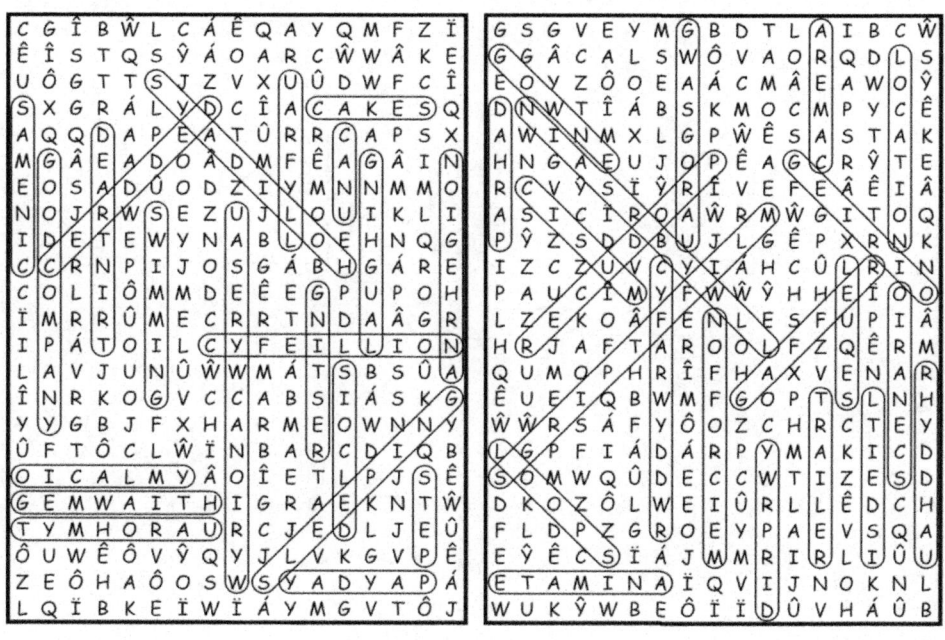

Rhif 25 BETH DDYLWN I EI WISGO?

Rhif 27 TWT, TWT!

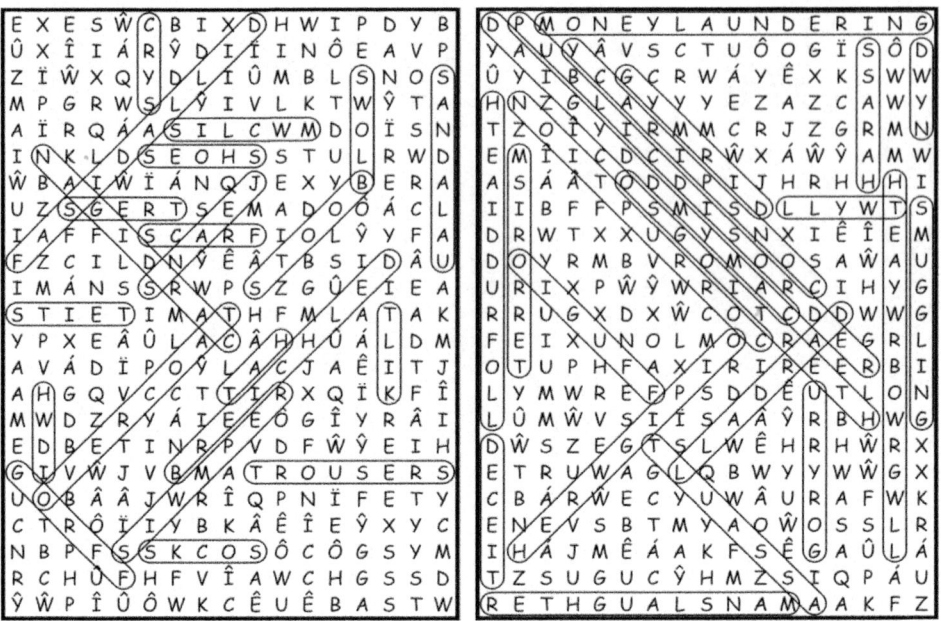

Rhif 26 YN Y SW?

Rhif 28 YR ELFENNAU

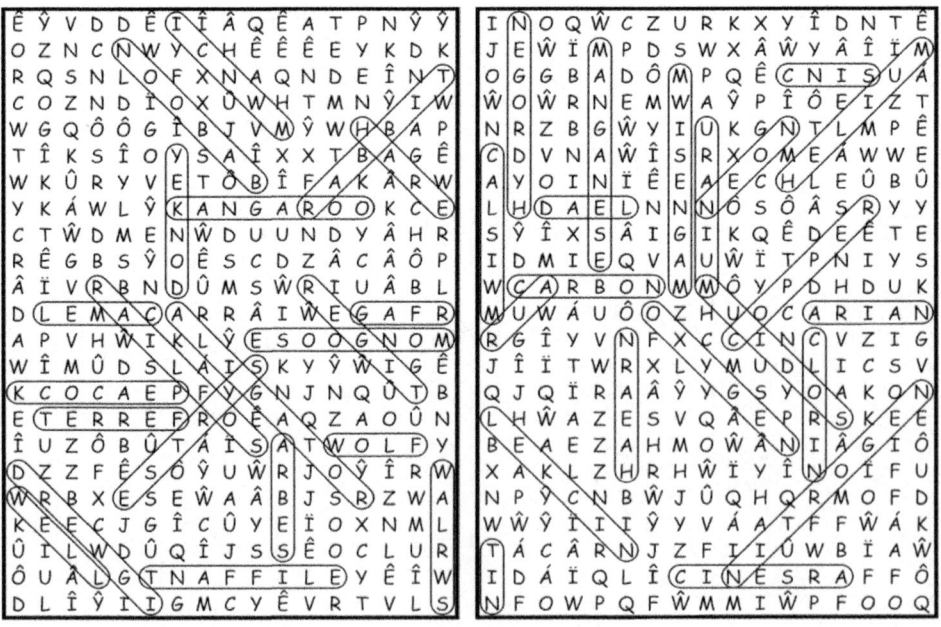

Rhif 29 GWLEDYDD SCHENGEN

Rhif 31 YN YR ARCHFARCHNAD

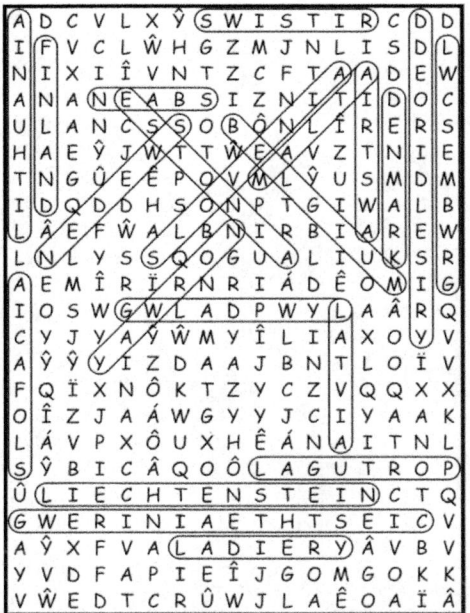

Rhif 30 YN Y CWPWRDD SGWENNU

Rhif 32 PERLYSIAU A SBEISYS

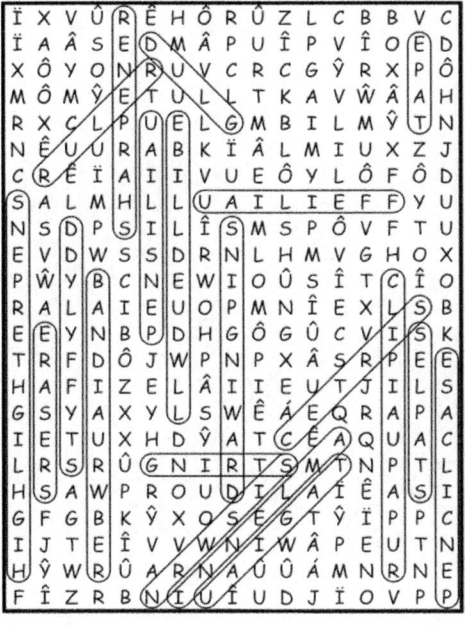

Rhif 33 YN GADARNHAOL

Rhif 35 FFRWYTHAU UNRHYW UN?

Rhif 34 RHESTR O GODLYSIAU

Rhif 36 YN Y BRIFYSGOL

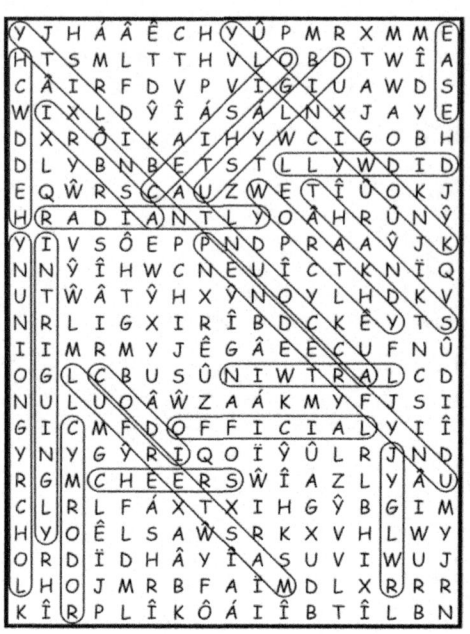

Rhif 41 FY MOESEG WAITH

Rhif 43 YN Y GWELY BLODAU

Rhif 42 ANSODDEIRIAU

Rhif 44 FY NGHERRIG GWERTHFAWR

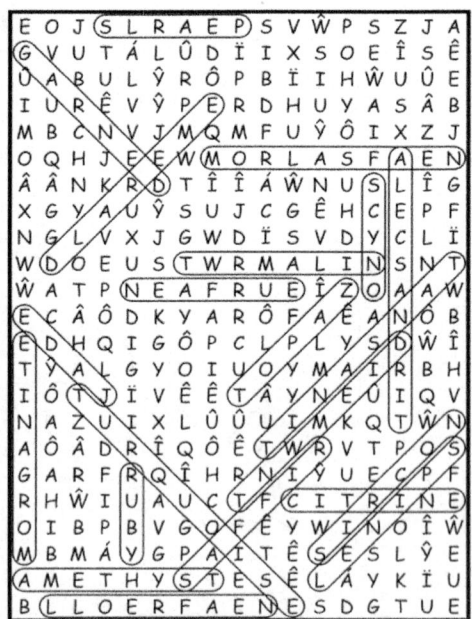

Rhif 45 FY SWYDD NESAF

Rhif 47 YN Y PAPUR NEWYDD

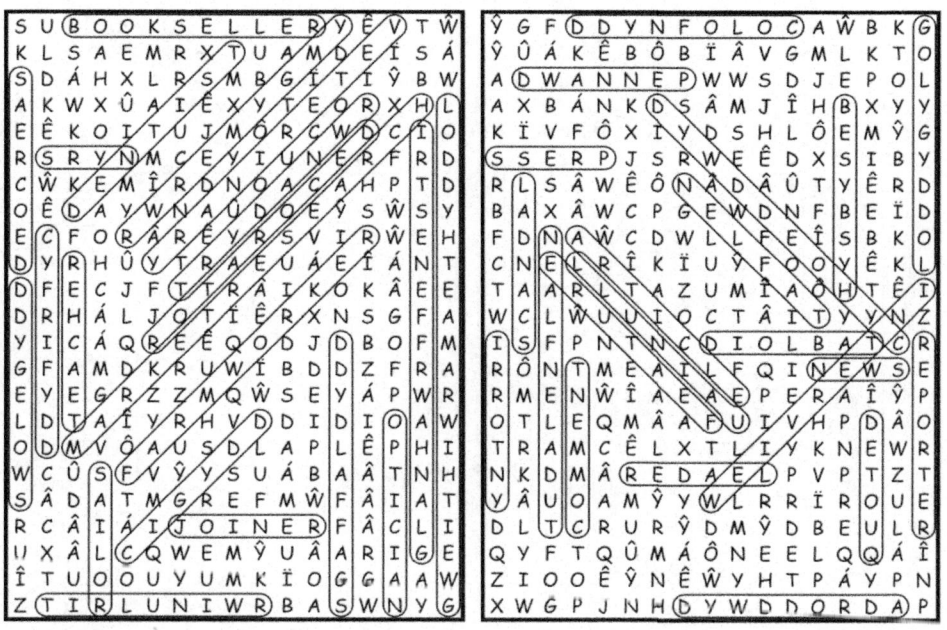

Rhif 46 YN Y MAES AWYR

Rhif 48 YN Y SIOP CHWARAEON

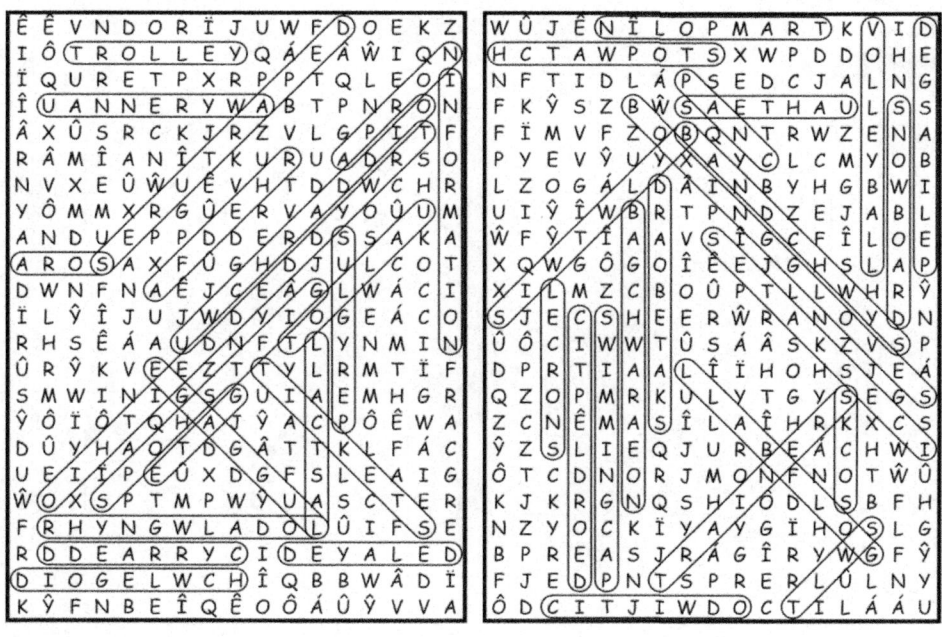

Rhif 49 YN DECHRAU EFO M

Rhif 51 YN ORSAF YR HEDDLU

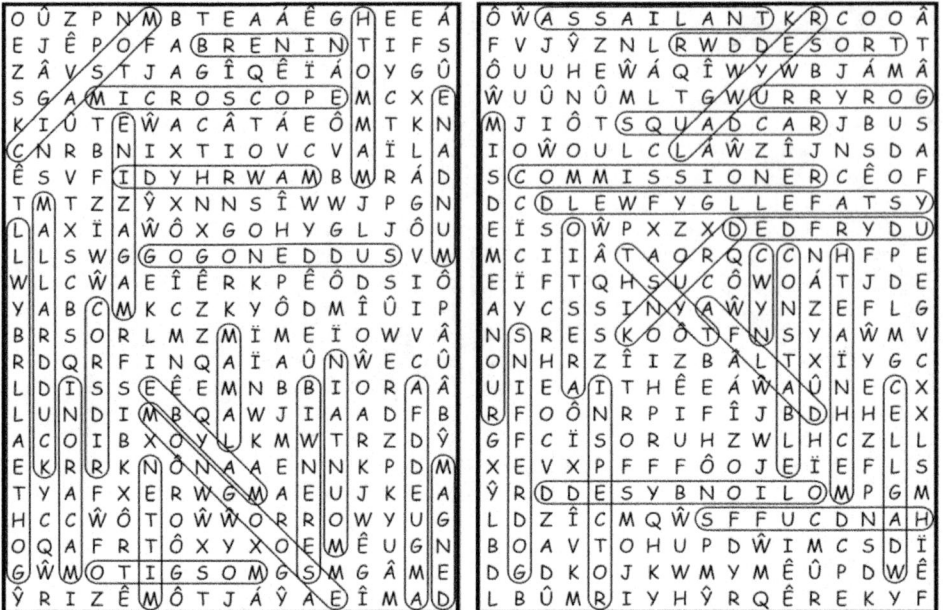

Rhif 50 AR Y FFERM

Rhif 52 ANSODDEIRIAU ETO

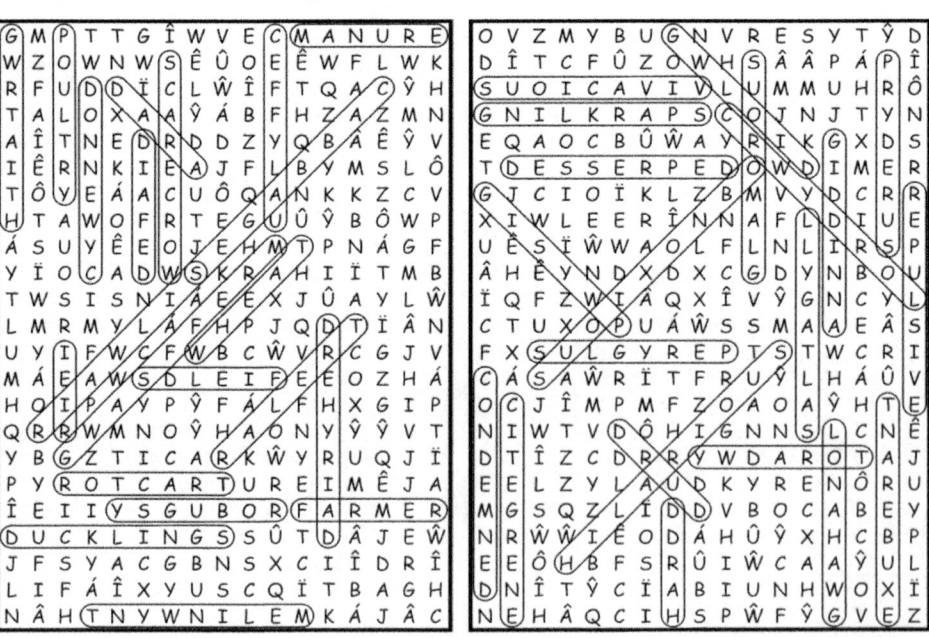

Rhif 53 YN Y SIOP NWYDDAU

Rhif 55 YN Y FYDDIN

Rhif 54 YN YSGOL

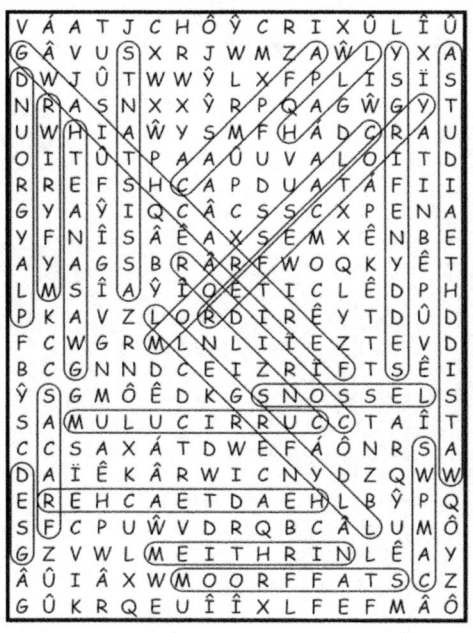

Rhif 56 YN SWYDDFA'R POST

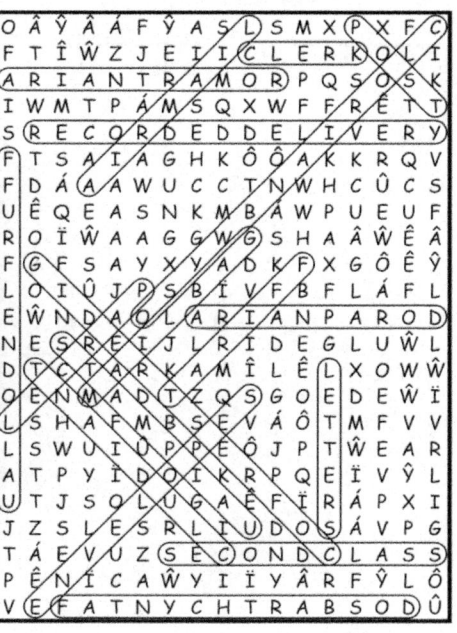

Rhif 57 YN Y TÂN

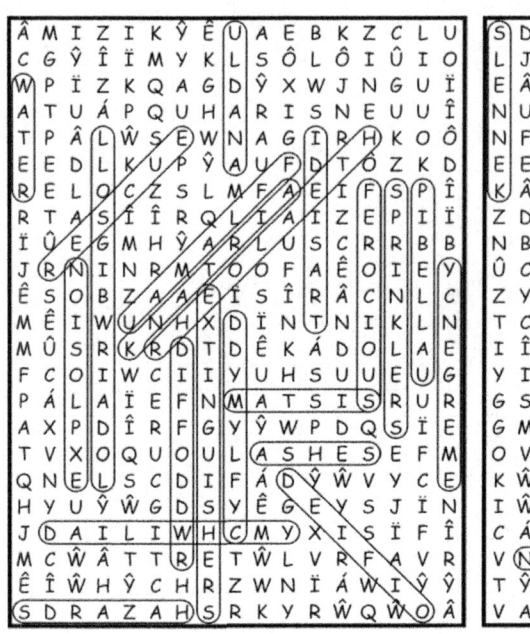

Rhif 59 YN Y SIOP ANIFEILIAID ANWES

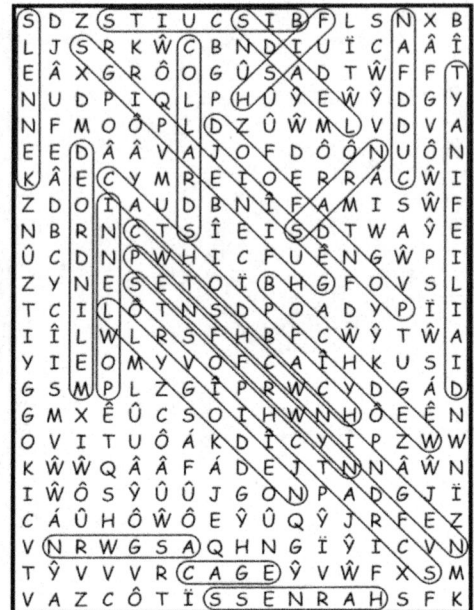

Rhif 58 YN Y GÊM

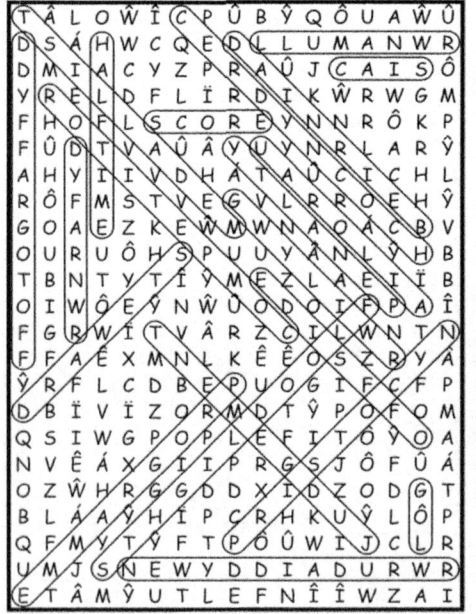

Rhif 60 YN Y GAMPFA

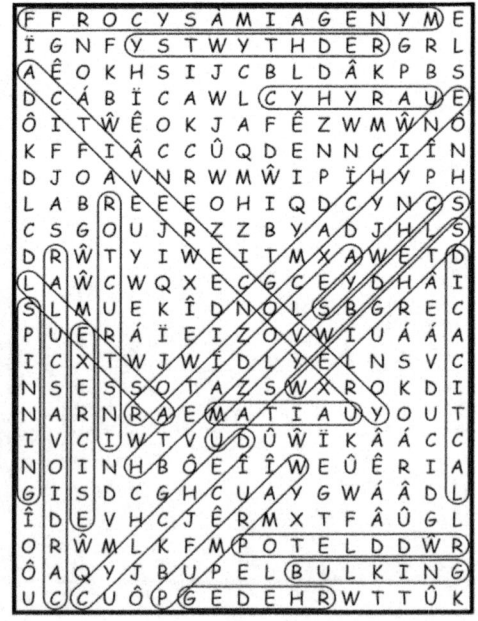

Rhif 61 AR AC YN Y CAR

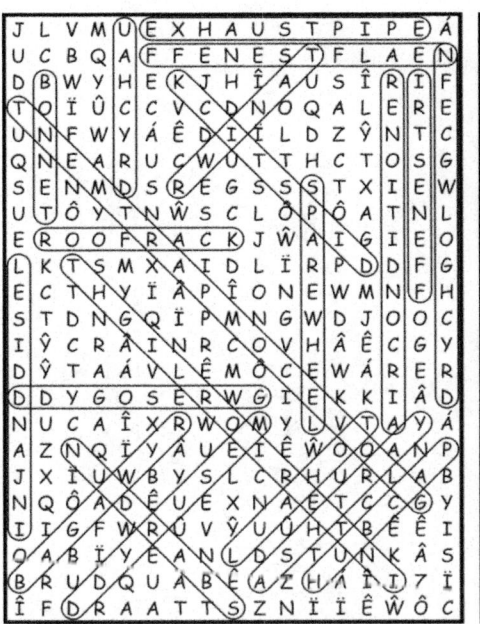

Rhif 63 YN Y GERDDORFA

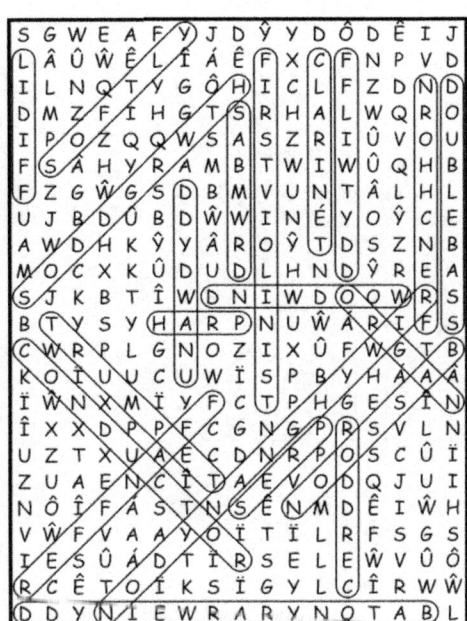

Rhif 62 YN Y LLYS

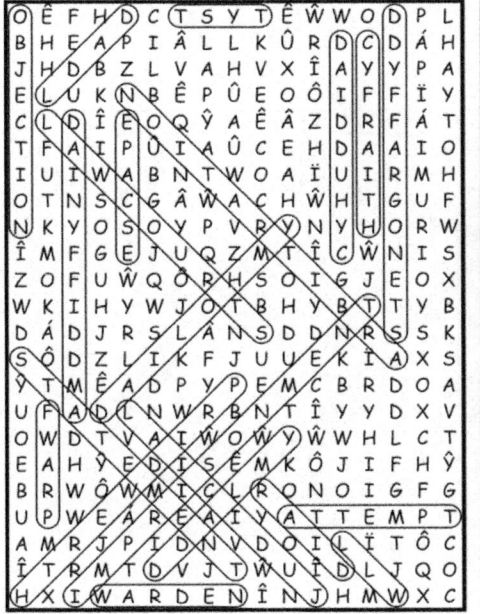

Rhif 64 ES I SIOPA

Rhif 65 AR EICH BEIC

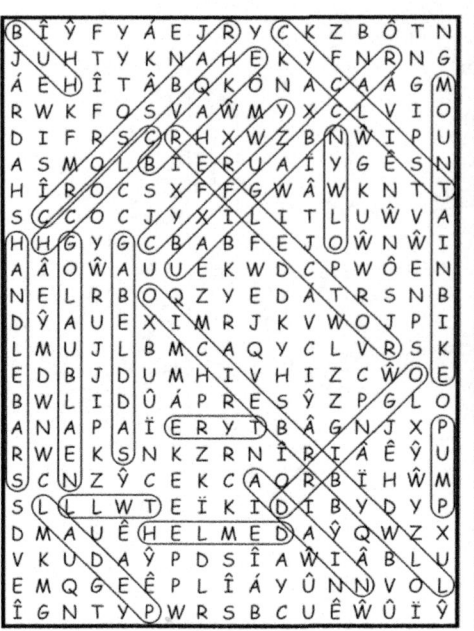

Rhif 67 YN Y GWESTY

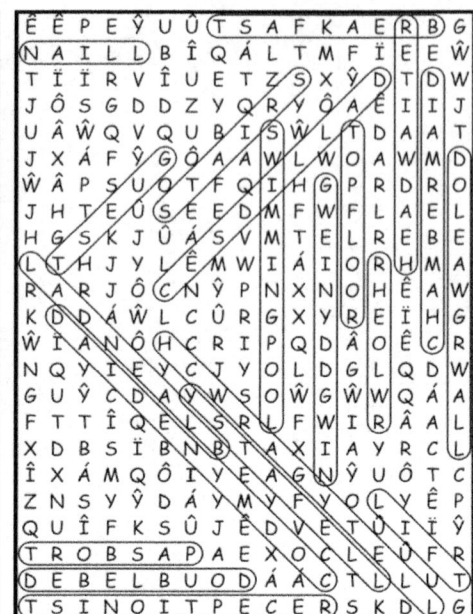

Rhif 66 YN YR ORSAF REILFFORDD

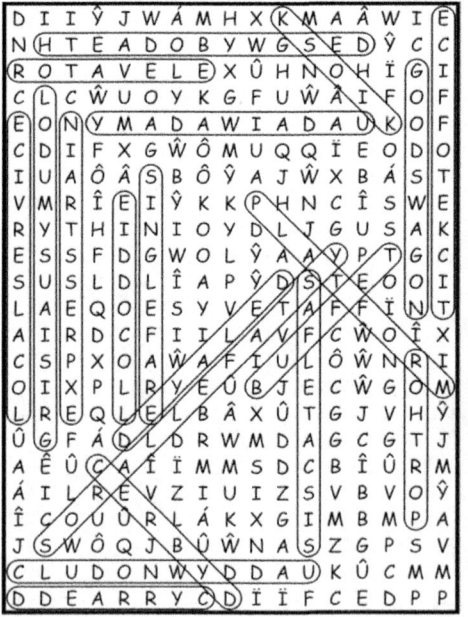

Rhif 68 CELFI A DODREFN

Rhif 69 OFFER A CHYFARPAR

Rhif 71 ESGUSODA FI?

Rhif 70 CWRDD A CHYFARCH

Rhif 72 YN Y PWLL NOFIO

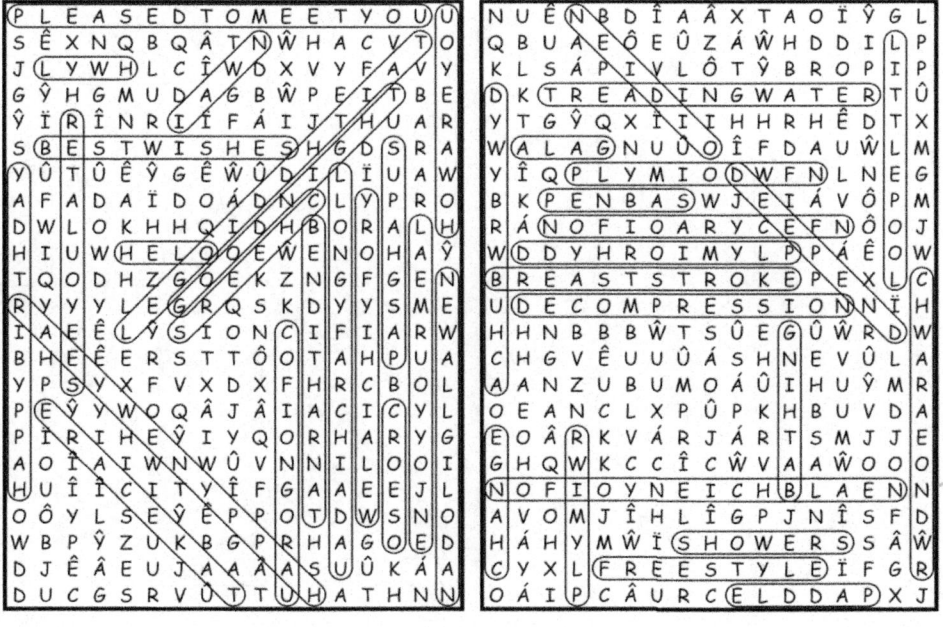

Rhif 73 SUT MAE PETHAU?

Rhif 75 YN Y MAES GWERSYLLA

Rhif 74 Y TŶ A THU ALLAN

Rhif 76 YN Y SIOP GYFRIFIADURON

Rhif 77 YNG NGHEFN GWLAD

Rhif 79 YN Y GEMAU OLYMPAIDD

Rhif 78 WRTH Y BAR

Rhif 80 BLE YN Y BYD?

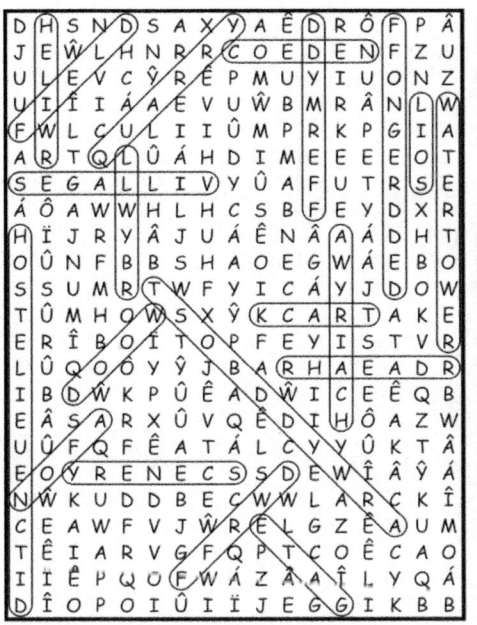
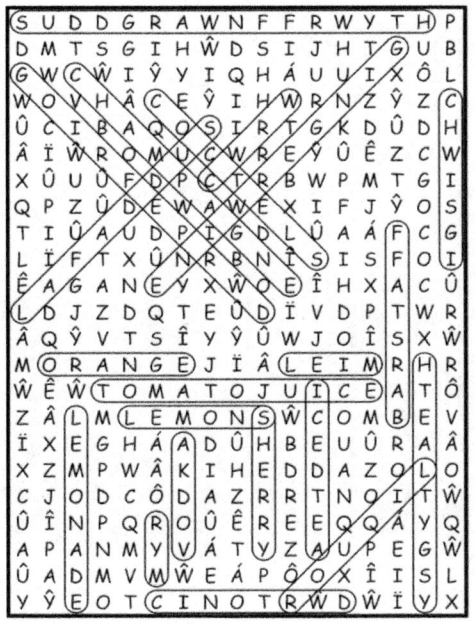
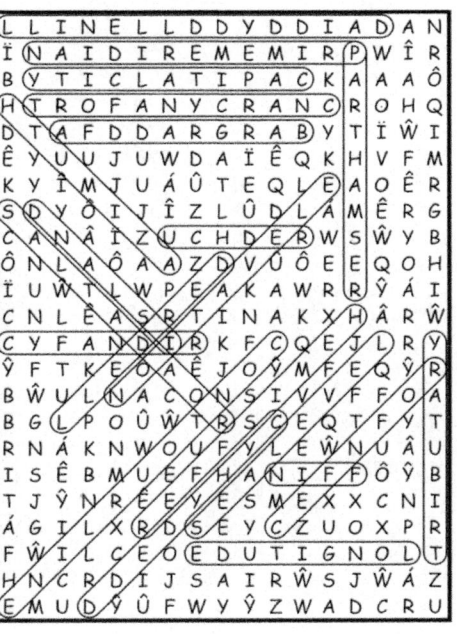

Rhif 81 YN Y LLYNGES

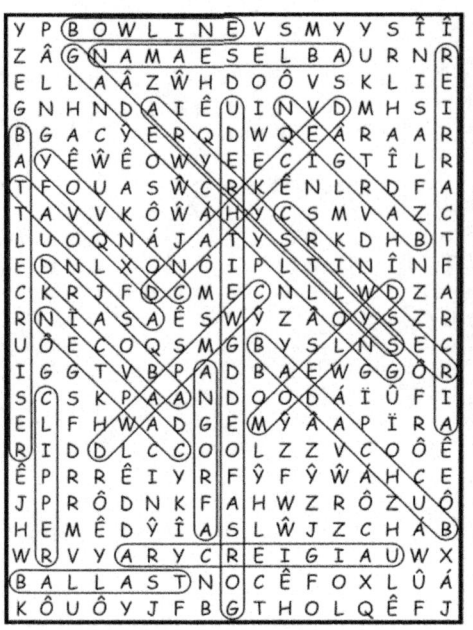

Rhif 83 YN Y LABORDY

Rhif 82 YN Y BECWS

Rhif 84 YN Y SIOP ADRANNOL

Rhif 85 YN Y GWEITHDY

Rhif 87 YN Y FEITHRINFA

Rhif 86 YN Y SIOP CAMERÂU

Rhif 88 WEDI MYND 'SGOTA

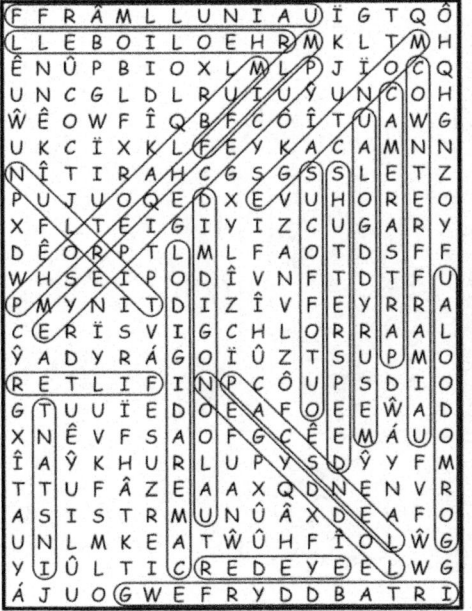
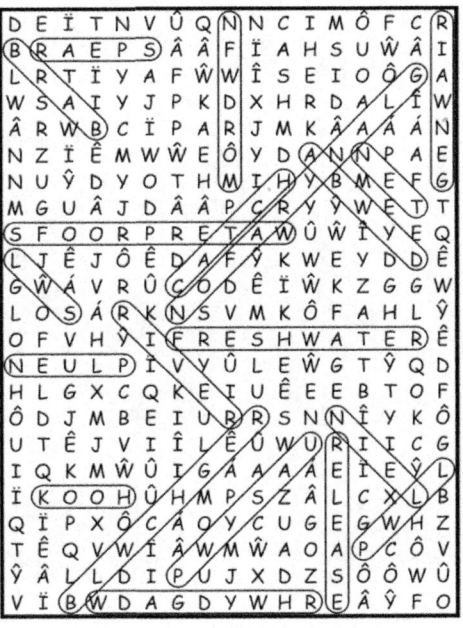

Rhif 89 AR Y FFORDD

Rhif 91 YN YR YSTAFELL YMOLCHI

Rhif 90 YN YR ARDD

Rhif 92 BWYD I FYND?

Rhif 93 DOD AT EICH COED?

Rhif 95 I'R RHAI IFANC

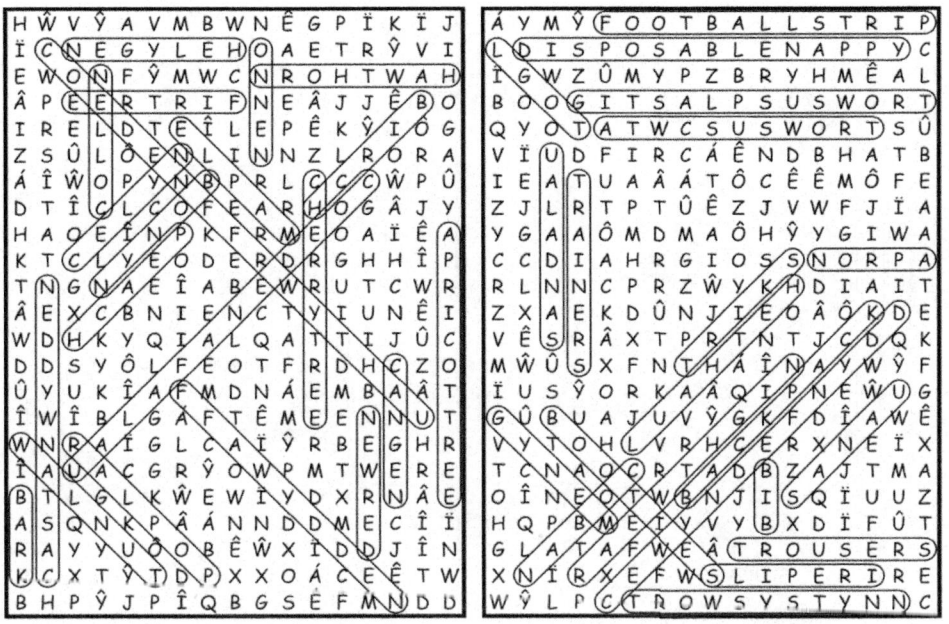

Rhif 94 DARLLEDU

Rhif 96 ADDURNO?

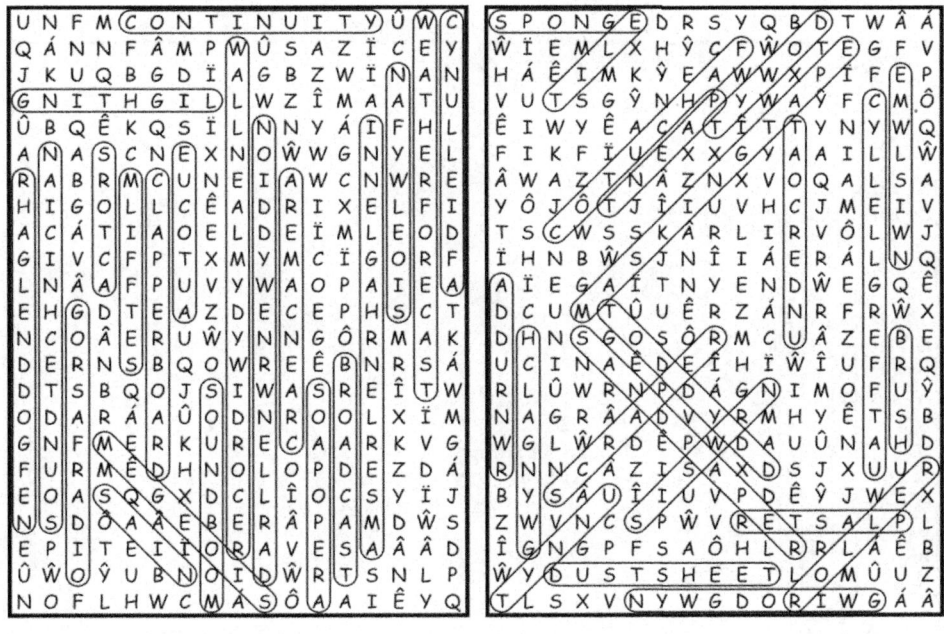

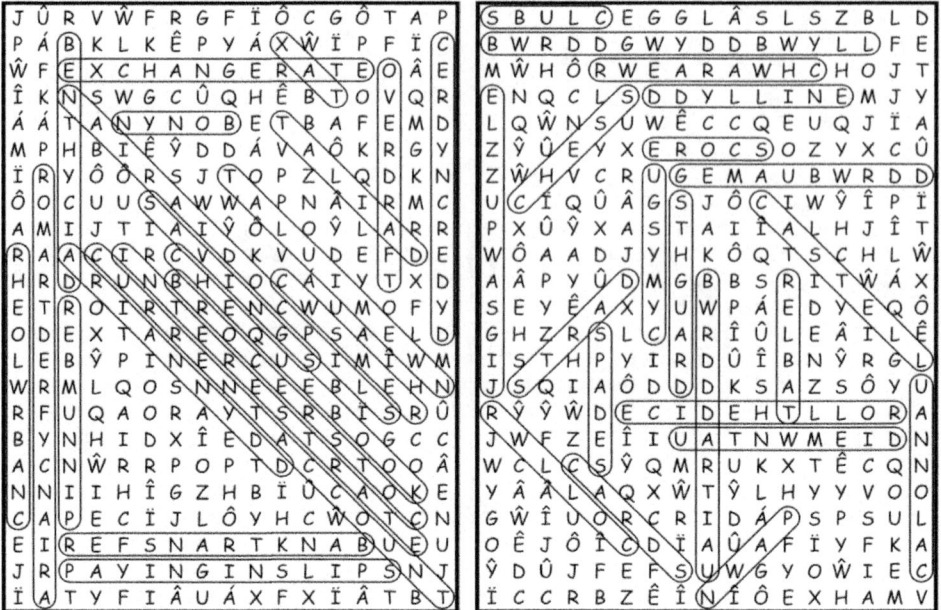

Rhif 101 GARTREF

Rhif 103 FY SWYDD NESAF 2

Rhif 102 YN Y TŶ ADAR

Rhif 104 BETH WISGA I?

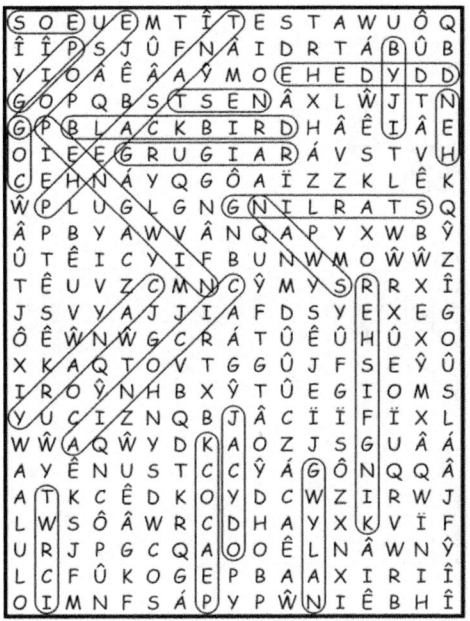
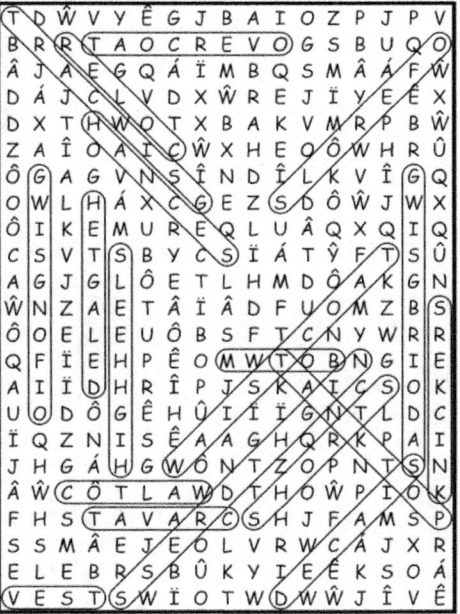

Rhif 105 ES I'R YSGOL HEFYD

Rhif 107 YN Y BLWCH OFFER

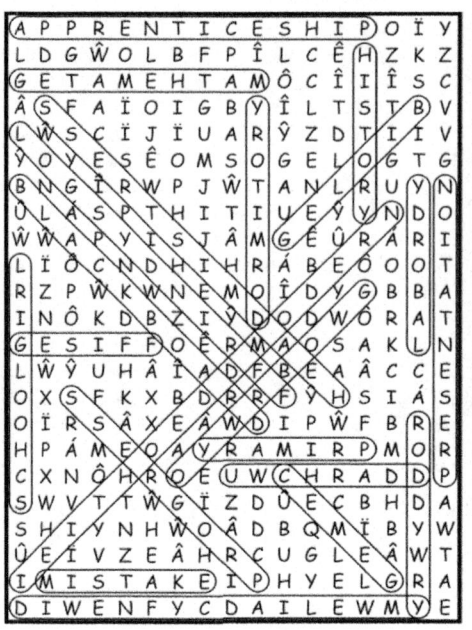

Rhif 106 YN Y LLYNGES HEFYD

Rhif 108 YN Y THEATR HEFYD

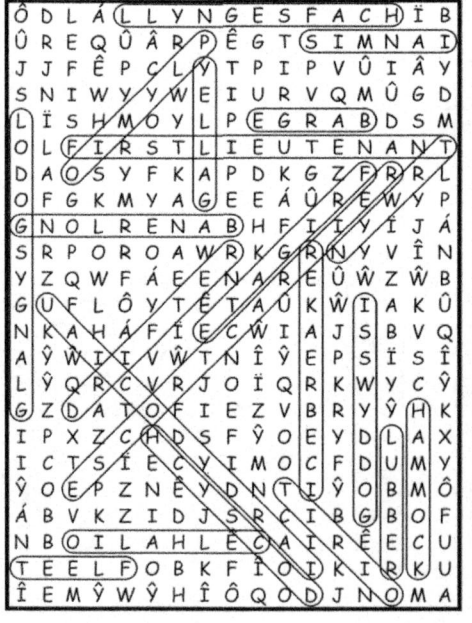

Rhif 109 Y GORNEL SEICOLEG

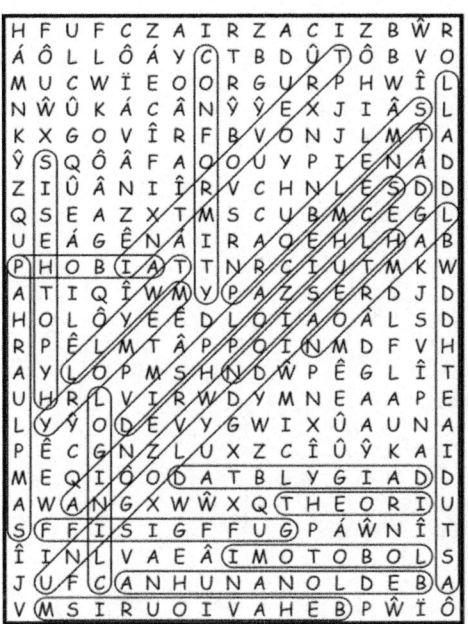

Rhif 111 GEIRIAU AR HAP 1

Rhif 110 YN Y SIOP ANRHEGION

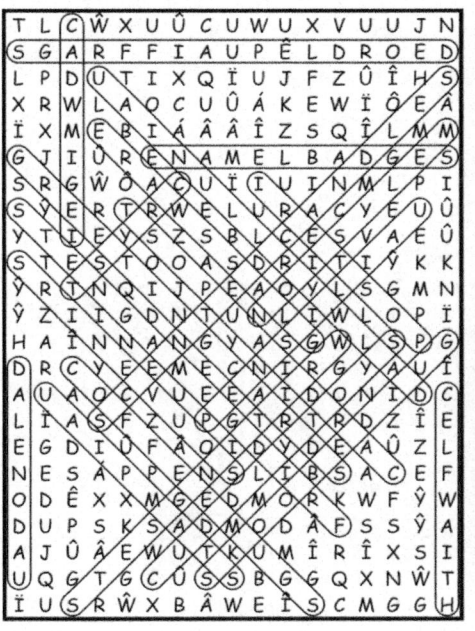

Rhif 112 GEIRIAU AR HAP 2

Rhif 113 GEIRIAU AR HAP 3

Rhif 115 GEIRIAU AR HAP 5

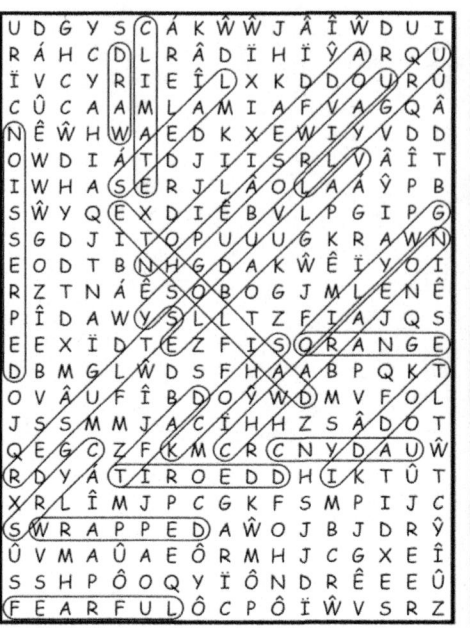

Rhif 114 GEIRIAU AR HAP 4

Rhif 116 GEIRIAU AR HAP 6

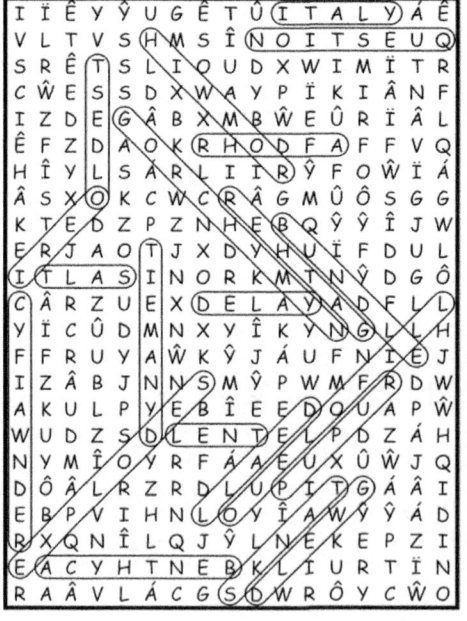

Rhif 117 GEIRIAU AR HAP 7   Rhif 119 GEIRIAU AR HAP 9

Rhif 118 GEIRIAU AR HAP 8   Rhif 120 GEIRIAU AR HAP 10

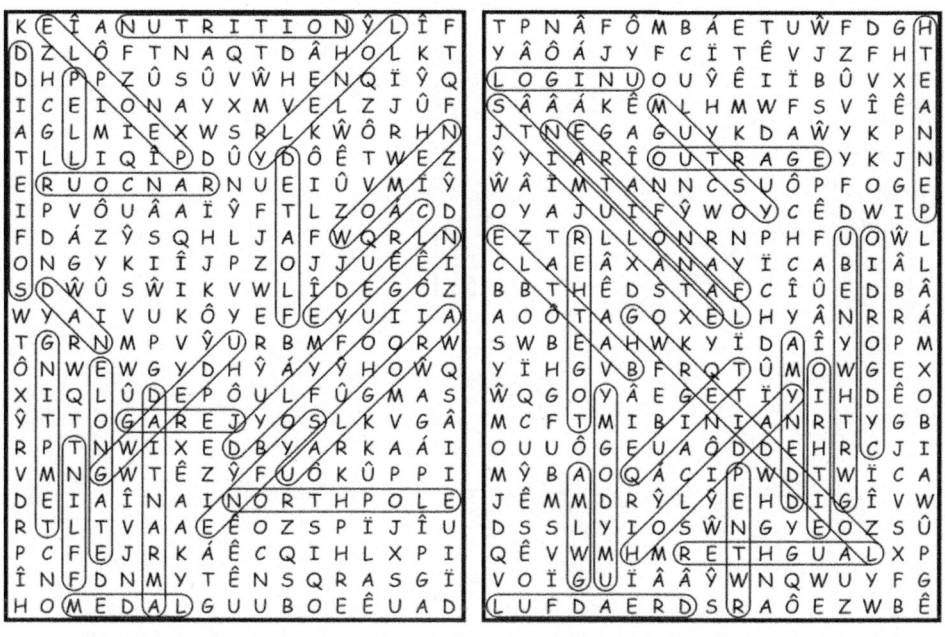
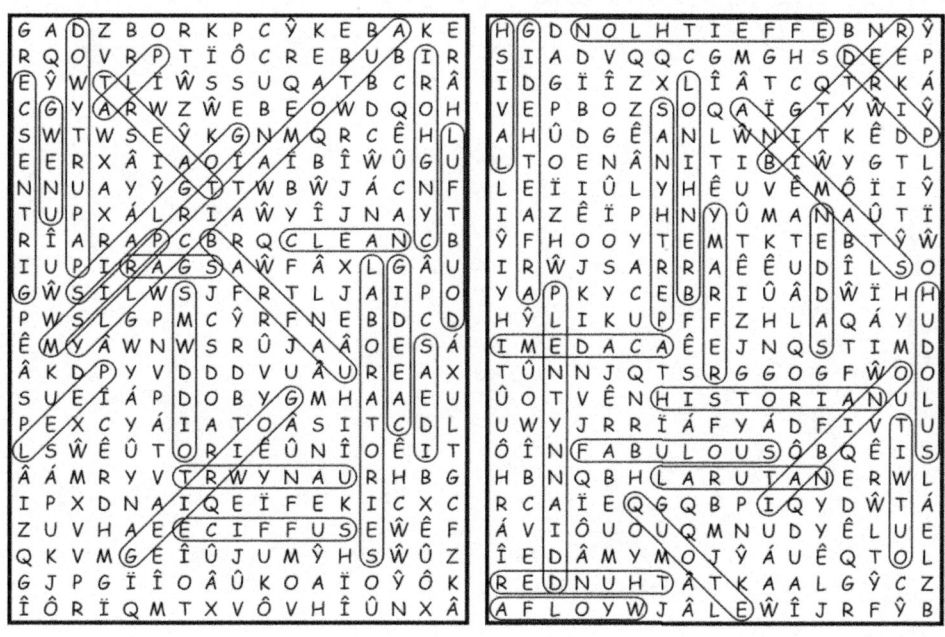

☺

Printed in Dunstable, United Kingdom